生き残る技術

野村克也

竹書房

はじめに

私はプロ野球の世界で現役、プレイングマネージャーとして26年、ヤクルト・阪神・楽天の監督として16年の都合42年間を生き、さらにその後も野球評論家として野球界に関わらせていただいている。私のような老人が84歳となった今でも、野球界とマスコミの方々から必要とされ、長く生き残ってこられたのはなぜなのか？　野球界で生き延びるために私は何をしてきたのか？　それを明らかにしたのが本書である。

高校卒業時、母子家庭だった我が家の財政は非常に厳しく、私が大学へ進学できるような状況ではなかった。当時私は学業と並行して新聞配達のバイトもしており、ある日、新聞の求人広告欄に南海ホークス・テスト生募集の案内があるのを発見した。

「母を楽にするために」

その一念だけで入団テストを受け、どこの馬の骨とも分からぬ私を今となっては南海ホークスはよく合格させてくれたと思うが、そこから私のプロ野球選手としての人生はスタートした。

京都の田舎から出てきた若造がプロの世界で通用するのか？

当時の私は希望に胸膨らませるという前向きな状況にはなく、頭の中は不安でいっぱいだった。そして、その不安を払しょくするために誰よりも練習し、誰よりも考えてプレーに臨んだ。自分で言うのも何だが、当時の私はまわりの選手たちの3倍以上は努力をしていたと思う。母に楽をさせるためには、厳しいプロの世界で生き残っていかなければならない。とにかく、毎日が必死だった。

努力の甲斐あって、入団3年目には一軍に定着することができた。しかし、鶴岡一人監督（当時は〝親分〟と呼ばれていた）以下、指導陣は高卒3年目の若造に何も教えてはくれない。失敗しては親分から「何やっとるんだ！　バカタレ！」と罵声を浴びせられ、質問しては「そんなもん、自分で考えろ！」と怒鳴られる。当時のスポーツ界は野球に限らずどこも軍隊のようなものだったから、上の言うことは絶対の専制。本書の中で詳しく述べるが、誰にも質問することのできなかった私は、先輩たちのプレーなどを目で見て、頭で考え、独学で野球というものを理解していった。

考えてみれば、私が今もこうやってプロ野球界に関わっていられるのは、あの頃に誰よりも考えて野球をしたからであり、それはある意味親分が私の上にいてくれたからである。その圧倒的な存在感だけで、私にプロ野球で生き残っていく術を教えてくれた親分に対し、今となってはただただ感謝の気持ちしかない。あの頃、死に物狂いで毎日を生きてきたからこそ今の私がある。それだけは、紛う方なき真実である。

１９８０年にプロ野球を引退してから、もう40年が経とうとしている。事務所の人間に聞くと、私の著作は通算で１５０冊を超えているという。それにしても、私のような老いぼれのところに、引きも切らず出版の依頼が来るのはなぜなのだろう。選手、監督として実績を残してきたから？　ＩＤ野球を始めた人間だから？　野球に詳しいから？　単に話すことが面白いから？　きっと理由はひとつではなく、今挙げたすべてが正解だし、それ以外にも理由はあるのだろう。

ただひとつ言えるのは、私ほど長く、そして密にプロ野球界に携わってきた人間はいないということだ。

私の現役時代に名将と呼ばれた三原脩氏、水原茂氏、鶴岡氏といった大先輩方はもうこの世にいない。先輩監督である川上哲治氏も西本幸雄氏も、みんな逝ってしまった。あの時代の最後の生き残りのひとりとして、プロ野球界にボヤキ続けているのがこの私なのだ。

体は動かなくなってきても、幸い口だけは相変わらず達者な私である。怖かった大監督も大先輩ももうこの世にはいないから、何も気にせず言いたいことを言える立場になった。

本書では、球界最後のご意見番として、私がいかにしてプロ野球界で生き残ってきたのかを綴っていきたいと思う。

厳しい競争の世界で生き残っていくためには、変化に柔軟に対応する思考力、日々の鍛錬による技量の進化、さらに結果を出し続けるための創意工夫と負けない心身の強さ、そして徹底した自己管理が常になされなければならない。長く「生き残る」には、それらのものがひとつも欠けてはならないのである。

「生き残る」というシンプルな言葉には、それだけのものが詰まった奥行きと広がりがある。「生き残る」ためにはどうしたらいいのか？　私が実践してきたそのすべてを今、明らかにしよう。

生き残る技術

目次

はじめに……1

第一章　「生き残る」ことの意味

第二章　私が生き残れた理由

第三章　生き残るための進化

第四章

結果を出し続ける条件

第五章 生き残るための自己管理術

第一章

「生き残る」ことの意味

生き残るには「とは?」を問い続ける

私がプロ野球界で生き残ってこられた大きな理由のひとつ、それは「考える」ということを続けてきたからに他ならない。

プロ野球界には毎年、高校、大学、社会人から優れた選手が各チームに入団してくる。プロの世界に入ってくるのだから、いずれもその世代ではずば抜けた才能と技量の持ち主ばかりである。だが、総じて「考える」という部分が甘く、それは昔も今も大差ない。これは逆説的だが、プロ野球界には考えない人があまりにも多いので、私のような凡才でも生き残ることができたのだ。

私が現役の頃は先輩の練習やプレーを見て学び、さらにそこに思考、工夫を入れ込みながら自分なりの野球スタイルというものを築き上げてきた。

思考と行動はつながっている。結果を出すためには、事前にしっかりと考え、準備をする必要があり、実行のための思考なくして成功はない。

現役の時も、監督となってからも、私は常に「〜とは?」と自分に問い続けてきた。「いい打撃とは?」「いい投球とは?」「勝つための練習とは?」「勝つための戦術とは?」といった日々の具体的な問いかけから、「野球とは?」「勝負とは?」「人生とは?」といった哲学的な問いかけまで、毎日が自問自答の連続。そしてそんな考える日々が、私を精神的にも肉体的にも技術的にも強くしてくれた。この「とは?」理論に関しては、本書の中で詳しく解説していきたい。

野球のやっかいなところは、深く考えても、深く考えなくてもできるところである。だから、プロの世界に入ってきた選手たちは深く考えないタイプが多い。肉体的、技術的に優れているため、深く考えなくてもある程度野球ができてしまうからだ。

この私が「頭脳派」などと持ち上げられてしまうのだから、プロ野球界の体たらくは推して知るべし。

「この選手は考えてプレーしているな」

「この監督はしっかり考えて選手を統率しているな」

野球界の発展のためにも、そんな選手や監督がひとりでも多く出てきてくれることを切に願うばかりである。

弱者が強者に勝ち続ける条件

今でこそプロ野球12球団のみならず、社会人、大学、高校野球まで幅広くデータというものが重視され、対戦するチームを徹底的に調べ上げ、ピッチャーの配球や各バッターの傾向を洗い出し、試合に臨むようになった。

だが、私が現役の頃、スコアラーは「記録係」以外の何者でもなく、そういった試合のデータを次の試合に生かそうとする人間は監督、コーチ含めまったくいなかった。

プロ入り3年目に私は一軍に定着したものの、チームメイトたちと比べれば技量も体力も明らかに劣っていた。〝技体〟をカバーするには誰よりも考えてプレーするしかなく、私は対戦するピッチャーの球種や配球を自分なりに読みながら、ある種ヤマを張るやり方でバッティングに臨んでいた。

だが、データを集めるにしても、プレーをしながらでは限界がある。そこで私はチームのスコアラーに球種、コースなども細かくデータとして残してもらうよう頼み、そのデータをもとに各ピッチャーのカウント別、あるいは塁上にランナーがいる場合など、状況別の配球パターンを洗い出していった。

すると、どんなピッチャーであっても状況に応じた配球パターンがあることに気づいた。そうやって考えながら準備し、実際に試合で経験を重ねていくと私の先を読む力は増していった。

また、こういったデータをフル活用するやり方と並行して、私はピッチャーの癖を読むことも始めた。振りかぶった時にグローブからのぞくボールと手の見え方、あるいはキャッチャーからサインが出た時のうなずき方、足の上げ方、腕の振り方など、ストレートと変化球を投げる時ではほんのわずかだがピッチャーの投げ方は異なるものである。私はそんな癖も読んで、次に来る球種を予測するようになった。

私がキャッチャーで首位打者を獲ったり、ホームラン王になったり、三冠王に輝いたりしたのは、いずれも若い時代に磨いた配球を読む力と癖を見抜く力のおかげである。

力の劣る弱者が強者に勝つためには、その不足分を「考える」ことによって補っていくしかない。努力を惜しまず、すぐに結果が出なくても淡々と日々の鍛錬を続ける。これは業界を問わず、その世界で生き残っていくための真理だと思う。

変化を恐れるな

あのイチローもさらなる進化を求め、毎年のようにバッティングフォームのマイナーチェンジを行っていた。私も考えることが大好きだったから、現役時代は

1年中「こうしたらもっと打てるのではないか?」とバッティングフォームのことを考え、試しては考え、試しては考えを続けていた。

私は南海ホークス入団後、3年目にして一軍に定着することができたが、その後レギュラーとなってから1シーズン戦う過酷さを思い知った。

当時は1シーズン130試合。キャッチャーは毎試合マスクを被り、立ったり座ったりを繰り返す。疲れが蓄積してくるとマッサージを受けても、睡眠時間をたっぷり取っても疲労が抜けない。私はプロ野球の正捕手となり、9つのポジションの中でもキャッチャーが一番過酷なポジションであることを思い知った。

疲れがたまってくると、当然のことながら体のキレも鈍くなってくる。コンマ何秒かの世界でミリ単位の正確さを争うバッティングでは、そんな体の疲れが成績の低下となって顕著に表れる。私の場合、疲れがたまってくるとインコースのボールが打てなくなった。だから私はバットを一握り短く持ち、インコースのボールに対応することにした。

バットを一握り短く持つ。これは、それまでより打球の飛距離が短くなることを意味している。だが、私は飛距離よりもバット操作の正確さを追い求めるために、バッティングのスタイルを変化させた。

Aというやり方を用いて結果を残した場合、そのAのやり方を捨てるのはとても勇気のいることである。だが、時としてさらなる進化を求める場合にはAのやり方を捨て、Bという新たなやり方に挑戦しなければならない時もある。その勇気を持てるかどうか。人の進化や成長は、そんなところにも大きくかかっている。

私がホークスに入ったばかりの頃、日本プロ野球界の「強打のキャッチャー」といえば私よりだいぶ先輩の土井垣武さん（大阪タイガースや阪急ブレーブスなどでプレー）という方がいたくらいで、四番を打つようなキャッチャーはセ・リーグにもパ・リーグにもいなかった。

「キャッチャーは打てない」

そんな常識を覆し、プロ野球界に変化をもたらしたのも私である。

私は常に弱いチームにいたから、変化を恐れることなく、新たなやり方に取り組んでいくことができた。

年老いた今、チャレンジ精神がなくなったら人生は終わりだと感じている。常に挑戦し、変化を恐れない。変化こそが、まさしく私の生き方そのものである。変わることができれば、自分自身を永遠に創造していくことができるのだ。

ピークを超えたベテラン選手にも生き残る術はある

かつて私は、ピークを超えたと思われるベテラン選手に新たな道を指し示し、さらにひと花、ふた花咲かせることに度々成功していたため「野村再生工場」と呼ばれたりしていたことがある。

その道で生き残っていくためには、何よりも〝やる気〟が求められる。その世界に入ってきたばかりの若者は放っておいても前向きにがんばってくれるが、その業界の酸いも甘いも知り尽くしたベテランはそうはいかない。だから、私はベンチでくすぶっているベテラン選手のやる気をどうしたら引き出せるか、そればかりを考えていた。

阪神で監督をしていた時代、千葉ロッテマリーンズを解雇され、入団テストを受けて入ってきた遠山奬志という左投げのピッチャーがいた。

遠山の投げるボールは明らかにピークを過ぎたものだったが、まだまだ一軍で勝負できるコントロールとキレはあった。そこで私は彼に「対左バッターのワンポイントを目指せ。そのためにサイドスローに変え、インコースを突くシュートも覚えろ」と命じた。

彼はもともと気骨にあふれる男だったので、監督である私の期待に応えようとがんばってくれた。だが、当時の巨人の主砲だった松井秀喜をバッターボックスに迎えると、他のバッターに対するより明らかに気持ちが萎縮してしまっており、身につけた鋭くインコースを突くシュートのキレもイマイチだった。

きっと遠山は、球界の宝ともいえる松井にぶつけて、ケガでもさせたら大変なことになると思っていたのだろう。だから私は遠山に「おい、お前は松井と年俸がいくら違うと思ってるんだ。向こうは億をもらってる選手。格下のお前が格上の松井にぶつけてもどうってことはない。松井の年俸にはぶつけられた分も入ってるんだから気にするな」と言ってやった。

すると、遠山は気持ちが吹っ切れたのだろう。以降は素晴らしい松井キラーぶりを発揮し、その流れに乗って他球団の左の主砲も見事に抑えてくれた。

私のもとでピークを超えてなお、キャリアハイとなる記録を残した選手は遠山以外にもたくさんいる。

現役の晩年を迎えたベテランにも、生き残る術はいくらでもある。自分の特徴を知り、それを最大限生かすにはどうしたらいいのか。それを考えていけばいいのである。

マー君はなぜメジャーで勝ち残っているのか？

私の教え子のひとりである田中将大は今、ニューヨーク・ヤンキースのエースとして大活躍している。

かつての縁もあるので、ここでは彼のことを〝マー君〟とあえて呼ばせてもらうが、私がマー君を初めて見たのは駒大苫小牧時代、甲子園のマウンドで大活躍していた時だった。彼はストレートも速かったが、何よりも高校生離れしたキレのあるスライダーがよかった。マー君の投げるスライダーを見て、私はヤクルト時代の教え子である伊藤智仁（彼のスライダーも当時球界一だった）を思い出したものだ。

かくして、私が東北楽天ゴールデンイーグルスの監督となった最初のドラフトで、マー君を運よく獲得することができ、私とマー君は同じチームで戦うことになった。

当時のマー君は球界の18歳レベルではもちろん最高峰だが、プロレベルで見れば中の下かそれ以下の存在だった。

だが、みなさんご存じのように、設立間もない楽天の台所事情は非常に厳しかった。ピッチャーの駒も揃っておらず、プロでは並以下レベルの高卒ルーキーといえども、ローテーションピッチャーとして使うしかなかった。

入団当時、マー君は本当に大人しく、プロ入り直後で緊張していたというのもあるのだろうが、私の前ではまったくしゃべらなかった。控えめで大人しいマー君がもし投手層の厚いよその球団に行っていたら、とてもではないが1年目から一軍では投げられなかっただろう。

私が昔から言い続けている言葉のひとつに「四番とエースは作れない」というものがある。

チームの主砲とエースは作れない。なぜなら、打球を遠くへ飛ばす技術と、剛速球を投げる力は天性によるところが大きいからだ。

私はマー君を一目見た時から、エースになれる存在だと感じた。だから、縁あって楽天というチームで一緒になった彼に、何としてもエースになってもらいたかった。そういった長期的な展望があったため、いろいろと非難もされたがシーズン当初からマー君を1年間ローテーションで使うと決めた。

マー君のデビュー戦となった福岡ソフトバンクホークス戦。彼は2回6失点でノックアウトされた。私はピッチャーがノックアウトされた時、ベンチに戻ってきた時の表情をよく観察するようにしている。その時どんな表情、仕草をするのか？　それによってその選手の性格や気持ちが分かるし、そこから成長の度合いも推し量れる。その時のマー君は本当に悔しそうだった。荒ぶる仕草はないが、情けないピッチングをした自分に対する怒りの炎が心の内に燃え上がっているのが分かる。その表情を見て私は、この子はこれから伸びると確信した。

「経験に勝る財産なし」

エースになれる資質は備わっているのだから、経験を積んでいけばきっと芽が出る。私はそう考えたのである。

シーズン序盤の不振もあって、いろんな人から「マー君は二軍でじっくり育てたほうがいい」と言われた。でも私も頑固な人間であるし、最初に決めたことを簡単に翻すような朝令暮改的な行動を取るのも嫌だった。我慢して使えばきっと何とかなる。そう信じてマー君を一軍で使い続けた。

果たしてマー君は、４戦目で初勝利（しかも完投勝利）を挙げた。しかも相手は、デビュー戦で完膚なきまでに叩きのめされたソフトバンクである。彼の負けん気の強さがよく表れた一戦といえるだろう。

私は結果至上主義者ではなく過程主義者である。結果よりもプロセスが何より大切だと考えている。マー君はその後目覚ましい成長を遂げ、2013年に24勝0敗、さらには日本一という偉業も達成した。今はヤンキースで活躍中の彼だが、メジャーでも成功を収めることができたのは、彼もプロセスを大切にする過程主義者だからだと思う。彼は勝っても負けても反省できる〝頭〟を持っている。

マー君はまだまだこれからも伸びていくだろう。メジャーという世界最高峰の舞台で、彼が1年でも長く活躍してくれることを切に願っている。

第三者の目で見るから生き延びられる

私はプロ入り後、3年目で一軍に定着し、努力の甲斐あって4年目にはパ・リーグのホームラン王になることができた。

「やはりやってきたことは無駄ではなかった。今まで続けてきた努力をそのまま続けていこう」

そう思って挑んだ5年目。私にプロ入り後、初となる大きな試練が訪れた。体の調子はどこも悪くないのに、なんとまったく打てなくなってしまったのである。

当初は「なぜだ？　まだ、努力が足りないのか？」と、それまでにも増して素振りを繰り返したが、まったく効果がない。そうこうしているうちに長打が出ないだけでなく、打率もどんどん落ちていく。

「一体、何がいけないんだ？」

悩みに悩んだ。私は泥沼にはまり、身動きの取れない状態となっていた。あの時の私は、悩めば悩むだけ深みにはまっていく悪循環に陥っていた。

そんなある日のこと、ロッカールームでふさぎ込んでいる私を見て、心配した先輩が声をかけてきてくれた。

「殴った人間は殴ったことを忘れがちだけど、殴られた側の人間はいつまでもそれを覚えているもんだ。違うか?」

先輩から言われたことを頭で反芻しているうちに、私はハッと気づいた。そうか、私は自分のことしか考えていなかったが、バッターはピッチャーと戦っているわけだから、ピッチャーがどう攻めてきているのかをしっかりと考えなければならなかった。自分の不振を大局的に捉え、俯瞰して物事を考える必要があったのに、若かった当時の私にはその大局的な視点が欠けていた。

私にホームランを打たれた相手チームは、「あんな若造にいつまでもいい思いはさせない」とばかりに、私のバッティングの傾向を徹底的に洗い出し、対策を立ててシーズンに臨んでいた。私は丸裸にされているのにそんなことにも気づかず、無策のまま前年と同じ考えでバッターボックスに立っていた。このような状態で、ホームラン王を獲った前年と同じ好成績を残せるわけがない。私は慌てて対戦相手のデータを収集することにした。

当時のホークスには、尾張久次さんという優秀なスコアラーがいた。私は尾張さんに「相手ピッチャーが私の打席で投げてくる球種、コースをすべてつけてもらえませんか」とお願いした。

尾張さんがつけてくれたスコアを確認していくと、相手バッテリーの私に対する攻め方が昨年とはまったく違うことに気がついた。前年までは初球に変化球の多かったピッチャーがストレート主体で攻めてきていたり、追い込んだらアウトコースの変化球一辺倒だったピッチャーが、インコースを突くような組み立てをしてきていたり。私はそれらのデータを見直し、それを逆手にとったバッティングで対応するようにした。すると、ほどなくして打率、ホームラン数ともに上向いていった。

人は調子が悪くなると、どうしても「自分の何がいけないのか?」と思考が内向きになりがちだ。でも、そんな時こそ視点を自分の外に置き、客観的に自分を眺めるようにすることが大切である。そのためには、常日頃からいろんな視点で物事を捉え、考えられるようにしていくといいと思う。

好きなものを突き詰めていくことで生き残れる

取材を受けた時などによく話すのだが、私から野球を取ったら何も残らない。学業が優秀だったわけでもないし、野球以外のスポーツはしたことがない。今でこそ「野村監督はいろいろな言葉を知っていますね」と言われたりすることもあるが、それは引退後に「これではいけない」と一念発起して、たくさん本を読むようにしたからである。若い頃は知識もなければ、世の常識も知らない、どうしようもない人間だった。

そもそも、私がプロ野球の世界へ進んだのも、幼い頃からプロ野球選手を目指していたからというわけではない。この世で生き残っていくには野球しか道がなかった。選択肢が野球しかなかったから、私は南海ホークスの入団テストを受けたのである。

私には兄がひとりいる。兄と私の性格はまったくの正反対で、私は悪ガキだったが兄は暇さえあれば机に向かって勉強している典型的な優等生タイプ。私は母から「たまには勉強しなさい！」といつも怒られていたが、兄が母に怒られるようなことは一度もなく、むしろ「たまには外で遊んできたら？」と心配されるほど、勉強の虫だった。

兄はきっと高校卒業後は大学に進学したかったに違いない。でも我が家は貧乏だったため、大学に行かせる資金などどこにもなく、兄は就職せざるを得なかった（しかし勤勉な兄は高校卒業後数年して学費を自分で貯め、働きながら夜間大学へ進んだ）。

貧乏だった私の家庭は住む場所にも苦労をした。家賃が払えなくなり、転居することも度々あった。一番嫌だったのは、よその家族の家の2階に仮住まいした時である。こちらは静かにしているつもりでも、階下の主人が「うるさい！」としょっちゅう怒鳴りつけてくるものだから、四六時中、怒られないようびくびくしながら過ごしていた。

赤貧の家庭に育ち、勉強も嫌い。自信があることといえば、高校まで続けてきた野球くらいのものである。

「母に少しでも楽をさせたい」

私が進むべき道はプロ野球しかなかった。

でも、「好きこそものの上手なれ」という言葉もあるように、私は野球が大好きだったから、どれほど努力をしてもそれを「苦しい」とか「辛い」と感じることはなかった。いつも頭の中にあったのは「もっともっと、野球がうまくなりたい」ということだけ。うまくなりたいから「野球をもっと知りたい」と思ったし、「野球をもっと極めたい」とも思った。

「野村監督が野球界で生き残ってこられた理由は何ですか?」と問われれば、私は迷わず「野球が大好きだったからです」と答えるだろう。私には「野球が好き」という原動力があったからこそ、この世界で生き抜いてこられたのである。

インコースが打てなければ生き残れない

2019年の日本シリーズは、すでに引退を表明していた読売ジャイアンツ・阿部慎之助の最後の晴れ舞台としても注目を集めたが、結果は福岡ソフトバンクホークスの4連勝で幕を閉じ、ホークスは日本シリーズ3連覇という偉業を成し遂げた。

この日本シリーズでは、ジャイアンツの打線が振るわなかった。中でも原辰徳監督が一番期待していたであろう二番・坂本勇人、三番・丸佳浩のふたりが大不振である。これではピッチャーがいくらがんばろうとも勝てるわけがない。

日本シリーズのような短期決戦では、「第1戦」の戦い方がその後の展開に大きく影響する。第1戦を取ることはもちろん大切だが、その戦い方、プロセスがもっとも重要となる。

私が思わず唸ったのは、ホークスのエース・千賀滉大、キャッチャー・甲斐拓也のバッテリーの配球である。中でも丸を封じるための攻め方は圧巻だった。ホークスバッテリーはストレート、フォーク、カットボールを駆使し、徹底して丸のインコースを攻め続けた。この執拗なインコース攻めによって、丸はバッティングを完全に狂わされてしまった。

短期決戦の第1戦で投げるピッチャーは、第2戦以降の展開も頭に入れながらピッチングを組み立てていく必要がある。先の試合を優位に進められるよう、相手打線の痛いところを徹底して突かなければならないのだが、千賀はエースとして見事にその役割をまっとうした。

現役時代、私はわりとインコースを打っていたほうだと思うが、多くのプロ野球選手はインコースを苦手としているか、あるいは必要以上に警戒している。だが、インコースに苦手意識を持ってしまうと、バッティングにおいて一番重要である「壁」を崩す原因となる。

インコースを打つには、壁を崩さないようにしながら体を素早く回転させて打つ必要がある。しかし、多くの選手はインコースを打とうと体が開き、壁を崩してしまうためにインコースが打てないばかりか、自分のバッティングまで崩してしまう。このインコース打ちを覚えるには、とにかく練習するしかない。

現役当時、私はシーズン中から相手バッテリーに「インコースを打つのがうまいな」と思わせるバッティングをするようにしていた。ヒットにならずとも、相手バッテリーが勝負に来たインコースのボールをいい当たりのファウルにすれば、「野村はインコースを待っている」と思ってくれるし、そういうことが続けば「野村はインコースに強い」とも思ってくれる。こうなれば戦う前からもう完全に私のペースとなる。

そんなことから、私は「インコースが打てなければプロでは飯が食えない」と常々言い続けてきた。苦手を克服しなければいい結果は出せないし、生き残っていくこともできない。これはプロ野球に限らず、どんな職種にもいえることではないだろうか。

集団が生き延びるための「適材適所」

野球というのは不思議なスポーツで、たとえば「得点力を上げたいから」といってホームランバッターばかりを一番から九番まで並べたとしても、思ったように得点力は上がらない。

一時期、読売ジャイアンツがＦＡやトレードでホームランバッターばかりを集めていた時代があったが、チームは見事に機能せず好成績を収めることはできなかった。

なぜ、ホームランバッターだけを集めても得点力が思ったように上がらないのか？　その理由はただひとつ、圧倒的にバランスを欠いているからである。

野球は９人でやるスポーツであり、打順の一番から九番まではそれぞれにゲームの中で果たすべき役割がある。これは守備のポジションにも同じことがいえるが、打順も守備も「適材適所」の人員を配置しなければ、チームは思ったように機能しないのである。

打順においてオーソドックスな考え方を述べれば、一番は俊足巧打、二番はバントや右打ちなどの小技に長けた選手、三番は広角に打ち分けられる好打者、四番はここ一番に強い長距離砲といった具合となる。それなのに、得点力を上げたいからといって適材適所を無視し、長距離砲だけを集めてもチームはうまく機能しない。打線のバランスは崩れ、結局得点力が下がるという本末転倒な結果に終わることになるのだ。

「打線」という言葉に表れているように、チームのバッティングは「線」としてつながらなければ打線にはならない。長距離砲だけを集めたとしても、それは点の集合体に過ぎず、相手チームからすれば寸断しやすい。線となった打線はどの打順からでもいろんな攻め方ができるが、点の集まりは個人の力だけに頼っているから攻撃もワンパターンに陥る。対戦するバッテリーからしてみれば、どちらが嫌な打線かは一目瞭然だろう。

そもそも、打線のつながりを意識しているのは当のバッターではなく、相手のバッテリーである。

私もそうだったが、バッターは実際に打席に入ったら「打線をつなげよう」ではなく、「何とか塁に出よう」「ランナーを進めるにはどうしたらいいか」といったことを考える。「打線がつながった」というのは結果論であって、当のバッターは意識してつなげようとは思っていない場合が多い。

ところが相手バッテリーは「このバッターは小技を使って次につなげてくるはずだ」「このバッターを出塁させるとクリーンナップにつながってしまう」と相手打線の「つながり」を意識し、考えなくてもいい余計なことまで考えてくれるようになる。そうなるとバッテリーからは余裕がどんどんと失われていき、こちらとしてはつけ込む隙がたくさん生まれるため、出塁および得点できる可能性も高まっていく。

つまり、戦う前から相手バッテリーがこちらの打線を意識してくれれば、試合展開を常に優位に進めることができるわけだ。ならば、普段から適材適所のバランスの取れた打線を意識し、「あの打線は何をしてくるか分からない」という印象を与えておけばいいのである。

かつてＶ９を達成した頃のジャイアンツの打線は、見事に「相手チームが嫌がる打線」を構築していた。長嶋茂雄、王貞治のふたりが主軸となり、その脇を俊足の柴田勲、巧打の土井正三、黒江透修、高田繁などがしっかりと固めていた。

ひとつの集団をいい方向に導くためには、適材適所、バランスの取れた人員配置がもっとも肝心なのだ。

生き残るための15カ条を忘れるべからず

私にとって師と呼べる存在の人がいるとすれば、それは南海ホークスでプレイングマネージャーをしていた時代に出会った評論家の草柳大蔵先生である。

草柳先生から私は「本を読む」ことの大切さを教わった。人の上に立つ者はその責任の重さをしっかりと自覚し、本を読んで知見を広げ、あらゆる情報を収集し、労を惜しまず経験を積み重ね、人の心に響く言葉を蓄積していかなければならない。草柳先生は、プロ野球界のみならず、人生を生き抜いていく上での大切な知恵を私に授けてくれた。

南海でのプレイングマネージャーを経て、私はその後ヤクルト、阪神、楽天のプロ4球団で監督を務めさせていただいた。

監督時代、私はキャンプ中ほぼ毎日、選手たちを集めてミーティングを行った。そこで「野球とは考えてするものだ」ということを選手たちに理解してほしくて、野球の奥深さを選手たちに説いた。

ミーティングでは、ただのんべんだらりと私の考えを述べているだけでは選手たちも飽きてしまうから、そのような状態にならないよう「どんな言葉で伝えたら選手たちの心に響くか?」だけを考えていつもミーティングに臨んでいた。そしてその際に役に立ったのが、たくさんの書物から得た〝心に残る言葉〟だった。

各球団で私は選手たちに共通して伝えていたことがある。それは、ひとりでも多くの選手に長く活躍してもらうために私が考えた「プロ野球で生き残るための15カ条」である。
本章の締めとして、その15カ条をみなさんにお届けしたい。

[プロ野球で生き残るための15カ条]

第1条　人と同じことをやっていては、人並みにしかなれない
第2条　目的意識と目標意識を持つことがもっとも重要である
第3条　常に自信を持って挑む
第4条　「プロ意識」を持ち続ける
第5条　人真似（模倣）にどれだけ自分の（プラス）αをつけ加えられるか
第6条　戦いは理をもって戦うことを原則とする
第7条　状況の変化に対し、鋭い観察力、対応力を持っていること
第8条　セールスポイントをひとつ以上持っていること

第9条　自己限定人間は生き残れない
第10条　打者は相手投手に内角（球）を攻める恐怖を持たせ、投手は内角球の使い方がうまくなければならない
第11条　鋭い勘を日頃から鍛えておく
第12条　常に最悪を想定して対策を練り、備えておく
第13条　仕事が楽しい、野球が好きだ、の感覚を持て
第14条　時期（そのタイミング）にやるべきことを心得ている
第15条　敗戦や失敗から教訓を学ぶこと

以上が、私が選手たちに伝えていた15カ条である。ぜひ、みなさんも参考にしていただきたい。

第二章

私が生き残れた理由

一生懸命やっていれば誰かが見てくれている

私が現役を退く決意をしたのは1980年、西武ライオンズでプレーしていた時のことだった。

忘れもしない、シーズン終盤の阪急ブレーブス戦。私はスタメンマスクを被って試合に出場。1－4の3点ビハインドで迎えた8回裏、ライオンズは2点を追加して1点差にまで阪急を追い上げ、さらに1死満塁の大チャンスで私に打席が回ってきた。

外野フライでも同点の場面である。「俺に任せておけ」と意気揚々とバッターボックスに向かっていると、後方から「野村、野村！」と根本陸夫監督が呼んでいる。「何のアドバイスだ？」と監督のもとへ寄っていくと「野村、代打だ」と告げられた。

チャンスの場面で代打を送られるのは、南海ホークスでレギュラーとなって以降、20年以上におよぶ現役生活で初めてのことだった。心の中に「なぜだ?」という疑念と、言いようのない悔しさが込み上げてくる。私の代わりに打席に送られた鈴木葉留彦のバッティングをベンチから見ていた時、私は「この代打策、失敗しろ」と念じた。

果たして、鈴木は併殺打に終わり3アウトでチェンジ。ライオンズは結局9回の攻撃でも流れを引き寄せることができず、敗戦に終わった。

試合後、帰途に就く車を運転しながら、私はあの場面のことを思い返していた。そしてあの場面で「失敗しろ」と念じた自分を客観的に振り返り、恥ずかしくなった。どのような状況にあろうとも、チームメイトの失敗を願うなど愚の骨頂である。この時、私は45歳。本当は50歳まで現役を続けたかったが、「こんなことを思ってしまうなんて、俺ももう潮時だな」と感じ、翌日球場で根本監督に引退することを伝えた。

野球を取ったら何も残らない私である。引退後は解説者として働きつつ、見識を深めるべくさまざまな書物を読み漁って、『敵は我にあり』という本を出版してみたり、たまに講演などもしたりしながらプロ野球界の傍らで生きていた。

「いつか、指導者としてプロ野球界に戻りたい」

その思いは引退後ずっと抱いていたが、言いたいことを言わなければ気の済まない処世術ゼロの私が、球界のお偉いさんたちに気に入られるわけもなく、浪人生活はしばらく続いた。

現役引退から9年が経った1989年のオフ、我が家に初老の紳士が訪ねてきた。その人こそ、私の人生の恩人ともいえる当時の東京ヤクルトスワローズの球団社長だった相馬和夫さんである。

相馬さんはプロ野球中継などで私の解説を聞きながら、この人こそ本物の野球人だと思ってくれていたという。相馬さんは野球人としての私を高く評価してくれていたのだ。

「スワローズを勝てるチームにしたいんです。そのためには野村さんの力が必要なんです」

球団社長からこんなふうに言われて、うれしく感じない野球人などいない。だが、私はパ・リーグで生きてきた人間であるから、セ・リーグのことはよく分からない。それを正直に相馬さんにお話しすると「まったく構いません。野村さんの野球観をうちの選手たちに教えてやってください」とごり押しされ、私は相馬さんの申し出をありがたくお受けすることにした。

「見てくれている人はちゃんといるんだな」ということを私は実感した。自分では当たり前のことを続けていただけだが、一生懸命やっていれば正しい評価をしてくれる人が現れるのである。

コンプレックスを生きる力に変える

人は大なり小なり、コンプレックスというものを持っていると思う。京都の田舎の貧乏家庭で育ち、テスト生として南海ホークスに入団した私も、当時はコンプレックスの塊だった。

チームを見渡せば、まわりは甲子園出場経験のある選手や有名高校、大学で活躍して全国に名を馳せた選手など、いわゆる「野球エリート」ばかりである。

当時のプロ野球界にドラフト制度はなかったから、プロ球団に入る方法はスカウトか、テストのどちらか。スカウトで入団した選手には当然のことながら契約金があるが、私のようなテスト生上がりに契約金はない。私がホークスへ入団した情報が地元で広まると、母は知り合いからよく「契約金はいくらなの？」と聞かれたそうだ。さすがに「0円」とは言えないから、私は母に「もしまた聞かれたら、知らないと言っておいて」と頼んだ。

プロ野球入団のいきさつがこんな具合だったので、二軍で生活する私はコンプレックスの塊だった。私と同期のテスト生上がりの選手の中には「所詮自分の実力はこんなもんだ」と早々に見切りをつけ、辞めてしまう者もいた。

だが私は、そのコンプレックスを「ちくしょう、今に見ていろ！」という闘争心に変えた。悔しさを魂を燃え上がらせるエネルギーとし、まずは「一軍定着」

を目標に他の選手の３倍は努力をした。

私のように、コンプレックスを飛躍の糧として成長を遂げた選手として、真っ先に思い浮かぶのは、プロ野球日本代表（侍ジャパン）の現監督である稲葉篤紀である。

稲葉は法政大学時代は「四番・ファースト」だったが、スカウト陣の評価は「ファーストにしては長打力に欠ける」というものだった。だが、私は稲葉のバッティング力を買っていたので「だったら外野を守らせよう」と考えた。そして稲葉に「外野を守れるようになれ」と指令を出した。

ところが、稲葉は肩が強いほうではなかった。外野手で肩が弱いというのは致命的である。でも彼はその欠点を克服すべく、その後、外野の守備練習を誰よりも行った。「内野だった自分に外野なんてやらせるなよ」と腐ってもおかしくない状況で、彼は私のようにコンプレックスを闘争心に変え、努力を続けた。

稲葉は肩の弱さをフォローするため、捕ってから投げるまでの動きを速くすることに重点を置き練習していた。その結果、彼は北海道日本ハムファイターズに移籍してから、ゴールデングラブ賞（外野手部門）を4シーズン連続で受賞するまでの守備力を手に入れた。

プロの世界では、自分のいいところは伸ばしつつ、短所、欠点といったものにもしっかりと目を向け、「では、自分には何が足りないのか？」「どうすれば欠点を克服、あるいは補えるのか？」を考え、その改善に向けて練習を重ねていくことが何よりも重要である。コンプレックスも前向きに捉えることで、努力の動力源とすることができるのだ。

生き残る条件は努力する才能にあり

「努力に勝る才能はなし」という言葉がある。この言葉の意味を私なりに突き詰めていくと、人から言われてするような努力は努力といわず、「気づいたら一晩中練習していた」という自発的かつ自然に動いてしまっている状態にあるのが本当の努力なのだと思う。

私もプロ入り直後は一軍入りを目指し、誰よりも練習をした。他の選手が休んでいる時、遊んでいる時こそ「今がチャンス」とばかりに練習したものである。

プロ野球界でそこそこの成績を残せるようになり、私の名前もある程度売れてくると他球団の有名選手と食事をする機会も増えていった。ある時、ジャイアンツの王と外食先で出会った時のこと。彼は途中で「これから夜間練習があるので」とスッと席を立ち帰ってしまった。その振る舞いがあまりにも自然だったため、私は「王にとって練習はもはや生活の一部なのだ」と感じた。

私もそうだったが、練習をしないと心も体も落ち着かない。それは「毎晩、○百本素振りをする」というようなノルマではなく、「○百本くらい振らないと眠れない」という状況に近い。多分これは「野球依存症」と呼んでもいい症状なのだろうが、自分にとって努力がそのくらい身近にならなければ「努力に勝る才能はなし」は実感できないと思う。

私の教え子でも「努力に勝る才能はなし」を地で行く選手がふたりいる。それは同じ年（1994年）のドラフトを経て入団してきた宮本慎也（2位）と稲葉篤紀（3位）である。この年、ヤクルトはドラフトで4位までしか指名しなかったので、そのうちのふたりが名球界入り（2000本安打）したのだから大変な当たり年だったと言っていいだろう。

宮本は守備力は文句なしだったが、バッティングはプロのレベルには程遠かった。しかし彼はプロ入り後、「つなぎ役」として右打ちの技術を磨き、チームになくてはならない存在へと成長した。

一方の稲葉は、先述したように入団早々に内野から外野へコンバートされ、来る日も来る日も外野の守備練習に明け暮れていた。肩が弱かったので、それを補うために素早い動きと送球のコントロールを磨き、気づけばゴールデングラブ賞を複数回獲得するまでの外野手になっていた。

ふたりに共通していたのは「自分には何が足りないのか?」「自分はチームから何を求められているのか?」を察する野球脳が非常に優れている点である。優れた野球脳を持っていたがゆえ、ふたりの努力は間違った方向には進まなかった。

ふたりが40歳を過ぎてなおプロ野球界で現役を続けられたのは、間違いなく努力の賜物である。そしてその努力の方向性が間違っていなかったからこそ、名球会入りするまでの名選手へと成長したのだ。

臆病者だからこそ生き残れた

世間的には「ネガティブに生きるより、ポジティブに前向きに生きよう」と言われたりするが、私は生まれてからこの方、ポジティブになったことなどない。常にネガティブでマイナス思考。これはきっと、私が生まれついての小心者だからだろう。

そう考えると、野球のキャッチャーは私にとって天職といえる。キャッチャーは守備時におけるチームの司令塔である。常に最悪の事態を想定し、「こうなったら、こうする」と事前に対策を練っておかなければならない。危機管理こそがキャッチャーの仕事なのだ。

臆病でマイナス思考な人間だから、私は常に危機意識を持ち続けてきた。でもそのおかげで、プロ野球界では勝負強く戦ってくることができた。

なぜ、マイナス思考だと勝負強くなれるのか？

最大の理由は、マイナス思考の人間は成功よりも失敗に目を向けられるからだと思う。

ポジティブシンキングな人は失敗には目を向けず、常に前向きに生きている。そういう生き方をしていると、どうしても成功体験だけを大切にしがちになってしまう。

しかし、マイナス思考の人間は自分の成功にはあまり目を向けず、「なぜ失敗したのか？」「次も失敗するのではないか？」と失敗ばかりを考える。私も実際に成功よりも失敗ばかりを考えて生きてきた。だが、そのおかげで「なぜ失敗したのか？」と原因を探り「次に失敗しないためにはどうしたらいいのか？」と対策を立てることができた。このサイクルを繰り返してきたことで私はプロ野球人としてだけでなく、一社会人としても成長してくることができたのだと思う。

小心者こそが着実に成長できる。それは間違いないのだが、ひとつだけ気をつけていただきたいことがある。それは〝小心〟でありながらも、心は強くあらねばならないということだ。

私が楽天で監督をしていた時、正捕手は嶋基宏だった。彼は私と同じく小心者で細心。キャッチャー向きの性格だったが、いかんせん心が弱かった。

かつての嶋は気持ちが弱いがゆえ、打者に向かっていく「内角攻め」のサインが出せず、アウトコース一辺倒の配球になりがちだった。ある日、「なぜもっと内角を攻めないんだ?」と聞くと「もしぶつけてしまったら、次の打席で報復にあうからです」と答えた。以降、私は嶋に内角攻めの大切さとともに「小心者でも心は強くあらねばならない」ことを説き続けた。

この世で図太く生き残っていくのは、ポジティブシンキングの人ではなく、マイナス思考の小心者のほうである。それはこの私が身をもって実証してきたから、みなさんにも納得していただけると思う。

プロで生き残る術を教えてくれたメジャーリーガー

プロ入り後、一流の選手たちと比べて自分は技術面、体力面ともに劣っていることを悟り、その溝を埋めるべく私は「考える野球」をするようになった。

対戦するピッチャーのデータを集め、ピッチングの組み立て方やその傾向を探り、さらに各ピッチャーのクセを見抜くことで私は配球の的中率を上げていった。

しかし、私が真の意味で「考える野球＝シンキング・ベースボール」をするようになったのは、他でもないドン・ブレイザーとの出会いがきっかけである。

ブレイザーを初めて見たのは、１９５９年の日米野球（セントルイス・カージナルス対南海ホークスと大毎オリオンズの連合チーム）の時だった。ブレイザーの素早く堅実な守備と頭を使った走塁で、日本チームはきりきり舞いさせられた。

それから８年経った１９６７年、プレイヤーとしては晩期を迎えていたブレイザーが我がホークスに入団してきた。

日米野球の時は20代だったブレイザーも、この時すでに35歳になっていた。身長も170センチ台で日本人選手と体格はさほど変わらない。「こんなんでよくメジャーで10年もやれたな」と当初は思っていたが、シーズンを通じて一緒にプレーをしていく中で、私はブレイザーのすごさを思い知らされた。

ノーアウト、ランナー一塁。バッターが送りバントをしてくると読んで、ホークスのファーストが前進してくるとバッターは見送り。するとセカンドのブレイザーが素早い動きでファーストカバーに入った。キャッチャーだった私はブレイザーの動きが見えたので、すかさず一塁へ送球するとランナーは戻り切れずにタッチアウト。今でこそ小学生でもするようなサインプレーだが、当時のプロ野球界にはそのようなプレーはなかった。

また、攻撃時のヒットエンドランも、当時は「ランナーは走れ。バッターは意地でもバットに当てて転がせ」という程度の認識だったが、ブレイザーは「バッターは二塁カバーに入るセカンド、ショートの動きを見て、どちらに転がすか考えて打たなければいけない。そして、そのためにランナーが毎球フェイントをかけ、二遊間のどちらがベースカバーに入るかをバッターに知らせる必要がある」と私たちに教えてくれた。

「野球はそこまで考えてやらなければならないのか」

以降、私はブレイザーを四六時中質問攻めにし、「考える野球」を自分の中に蓄積していった。

その後、私が南海ホークスのプレイングマネージャーとなった際も、私は球団に「ブレイザーをヘッドコーチにしてください」と条件を出した。私の「考える野球」を実践するためには、ブレイザーのサポートが絶対に必要だった。それほどまでに、当時の私にとってブレイザーは必要不可欠な人材だったのだ。

あの数年間、ブレイザーは私に「本物の野球」というものを教えてくれた。野球の楽しさ、奥深さを私に理解させてくれたのは、間違いなくブレイザーである。あの頃に蓄えたたくさんの知識、知恵、考え方が、その後のプロ野球界を生き抜いていく上での力となった。ブレイザーは10年以上前に他界したが、彼への感謝の念はいつまでも消えることはない。

私のスイッチを入れた稲尾和久

西鉄ライオンズのエースとして活躍し、「神様、仏様、稲尾様」と称された大投手、稲尾和久。彼とは現役時代に幾度も対戦し、ずいぶんと苦杯をなめさせられたものだ。しかし、彼との勝負に負けた悔しさが、私のバッティング技術を大いに向上させてくれた。彼がいなければ、私はその後ホームラン王も三冠王も獲ることはできなかっただろう。

稲尾の素晴らしさを一言で語るとすれば「コントロール」に尽きる。150キロを超えるような剛速球ではないが、キレのある140キロ台のストレートをミリ単位の正確さでコーナーに投げ込んでくる。

彼とはオールスターで何度かバッテリーを組ませてもらったが、その度に私は彼のコントロールの正確さに舌を巻いたものである。

当時、私が稲尾をあまりに打てないため、鶴岡監督からは「お前は安物のピッチャーはよう打つが、一流は打てんのう」と嫌味を言われもした。私は「何としても稲尾を攻略しなければ」と躍起になった。

私はチーム関係者に、稲尾のピッチングフォームをバックネット裏から16ミリフィルムで撮影してもらい、それを何度も何度も見直して彼のフォームのクセを研究した。そしてその結果、振りかぶった際にグラブの隙間から見えるボールの面積が、球種によって異なることが分かった。そこから私は一気に対稲尾の打率を高めることができた。

人が成長する上で、ライバルの存在は欠かせない。その点で稲尾は私にとって最高のライバルだったし、プロ野球界で長く生き抜いてくることができたのは、彼のようなライバルたちと出会えたからである。今となってはそんなライバルたちに感謝の思いしかない。

ライバル・王貞治が私を成長させてくれた

今でこそ、セ・パ両リーグのシーズン観客動員数はともに1千万人を超え、人気、実力ともに拮抗した戦いを繰り広げているが、私が現役だった半世紀前は人気、実力ともに「ジャイアンツ一強」の時代が長く続いた。

幼少の頃から私はジャイアンツファンだった。そして、プロとなってからはジャイアンツ以外のチーム、とくにパ・リーグはテレビ、ラジオ、新聞といったメディアにまったく取り上げられないことを思い知った。

入団3年目に私はホークスでレギュラーに定着し、4年目には30本塁打を記録してリーグのホームラン王となった。だが、新聞やテレビで扱われるのはジャイアンツの長嶋や王の話題ばかり。

「これだけがんばったのに、何でジャイアンツばかりなんや」

私の中にジャイアンツに対する妬み、僻みといったマイナスの感情が生まれたのはこの頃からだ。

ジャイアンツへの反感、コンプレックスをさらに増大させる出来事があったのは1964年のことである。

この前年、私はシーズン52本塁打を放ち、1950年に小鶴誠さん（松竹ロビンス）が記録したシーズン日本最多本塁打51本を約10年ぶりに更新していた。

「小鶴さんの記録を抜くのに10年以上かかっているんだ。俺の記録も10年は抜かれないだろう」

そう思ったのも束の間、翌シーズンに王が55本塁打を記録し、私の残した最多本塁打記録は1年持たずに闇に葬り去られてしまった。

この時は本当に悔しかった……。でも、その一方で「きっと俺はそういう星のもとに生まれたんだな」というあきらめにも似た気持ちが生まれたのも事実だ。

1975年5月、ホークスでプレイングマネージャーをしていた私は通算600号のメモリアルアーチを放った。当時、600号以上のホームランを打ったのは私でふたり目だった。ひとり目はもちろん、ジャイアンツの王である。

600号を打った私は、その日の記者会見で「自分がこれまでやってこられたのは長嶋や王がいたからだ」と正直に述べた。そして続けて「王や長嶋はヒマワリ。それに比べれば、私なんかは日本海の海辺に咲く月見草だ」と発言したところ、この〝月見草〟という表現がマスコミに受け、私の残した名言のうちのひとつとして、今でも度々メディアで取り上げられているのはみなさんご存じの通りである。

ヒマワリと月見草。当時発言したこの言葉の通り、私はジャイアンツに対するコンプレックスがあったからこそ、プロの世界で粘り強く戦い抜くことができた。つまり、王や長嶋がいたおかげで私は自分を磨き続け、長く現役生活を続けることができたのだ。コンプレックスを持ちすぎるのはよくないが、ある程度のコンプレックスを持っていたほうが人は強くなれるのである。

もし私がセ・リーグのキャッチャーだったら〝世界の王〟はいなかった⁉

前項で述べた本塁打記録の他、三冠王の獲得回数でも私は王に抜かれ（私は1回、王は2回）、通算本塁打数600号超えも私が達成する1年前に王が到達するなど、私の野球人生のおいしいところはすべて王に持っていかれてしまったといっても過言ではない。

ただ、王にやられっぱなしなのも野球人として何とも悔しい。そこで私はその憂さを晴らすかのように、オールスター戦では彼との戦いに本気で挑んだ。

その結果だろうか。王はオールスターで20打席以上ノーヒットだった期間がある（足掛け3年くらいかけて作った記録だと記憶している。王にとっては不名誉な記録のため、それほど話題にはならなかったが）。

セオリーに則れば、ホームランバッターには外角を中心とした組み立てが常識である。だが、王は配球を読んだり、球種を絞ったりして打ってくるバッターではなかった。長嶋同様、「来た球を打つ」という典型的な天才型のバッターだった。そんなバッターには、アウトコースよりもインコースを攻めたほうが効果的である。だから私は、王に対してインコースを徹底的に攻めた。

王のインコース攻めにおいて気をつけなければならないのは、ストレートが甘く真ん中に入ってしまうことだ。どんなにキレのいいストレートであっても、ちょっとでも甘く入れば王はスタンドに持っていく力があった。だからカウント的に追い込むまでは、今でいうカットボールのような、小さい変化のスライダーを用いてインコースを突いた。

2ストライクと追い込まれた王は、当然のことながらインコースを警戒している。そこで私は王を追い込んだら、三振狙いで真ん中低めのフォーク、あるいはフルスイングをさせないために、外角のボールゾーンから入ってくるアウトコースいっぱいのカーブなどを用いて王を打ち取ることに成功した。

もし私が、ジャイアンツ以外のセ・リーグのチームでキャッチャーをしていたら、「世界の王」は誕生していなかったかもしれない。などと戯言をほざいていると、世間のみなさんから「野村、うぬぼれるのもいい加減にしろ！」と怒られそうなのでこのくらいにしておく。いずれにせよ、私にとって王は最強にして最高のライバルだった。私の実力をより引き出してくれた王には、今となっては感謝の気持ちしかない。

生き残るには自分を〝生かせる〟環境を選ぶ

私がプロの世界に入るにあたり、南海ホークスを選んだのにはいくつかの理由がある。

まずひとつ目は、当時の鶴岡監督率いるホークスは育成に定評があった。二軍で育った選手が一軍で次々と活躍していた。

ふたつ目は、一軍のキャッチャーに圧倒的な存在がいなかったことである。ジャイアンツファンだった私は当然ジャイアンツに入りたいと思ったが、当時のジャイアンツには尾藤茂という強肩俊足のキャッチャーがいた。田舎の高校球児が、プロ野球界を代表する名捕手に敵うわけがない。

他球団を見渡したところ、キャッチャーが一番手薄だったのがホークスだった。そんな時、新聞配達のバイト中にホークスの「新人募集」の広告を見つけて私は飛びついたのである。

当時はドラフトなどもなく、私は「テスト生としてどこを受けるか」を考えていたため、そのような選択方法になったわけだ。しかし、今のプロ野球はドラフト制度があるため、選手たちもあまり選り好みできる立場にはなく、それはちょっとかわいそうな気もする。

「好きなチームだからいい」

「強いチームがいい」

このような「何も考えない」選択方法で成功するのは、ずば抜けた実力の持ち主だけである。普通の選手が自分の実力を生かそうと思ったら、やはり「自分はどのチームに合っているか」を考えなければならないだろう。

これは、一般社会で暮らす人たちにも同じことが言えると思う。進むべき学校や会社を選ぶ際、ただ単に「好きだから」「有名だから」と盲目的に決めるのは大変危険である。

「自分が一番生かされる（生かしてくれる）環境はどこか？」

それをしっかりと考えていくことが大切なのだ。

短所を克服すると伸びしろが大きくなる

若手の頃、私はピッチャーの投じる変化球のうち、カーブをもっとも苦手としていた。ストレートはそれなりに打てるのだが、どろんと曲がるカーブがまったく打てない。ファンからも「カーブの打てないノ、ム、ラ！」とずいぶん野次られたものである。

ひとりで悩んでいてもしょうがないと、チームの先輩をはじめ、大毎オリオンズの山内和弘や西鉄ライオンズの中西太といった他チームの強打者にも「カーブはどうやったら打てるか」を聞いてみた。だが、目から鱗の参考になるような意見を聞くことはなかなかできず、自問自答する日々が続いた。

練習では、バッティングピッチャーにカーブをよく投げてもらったが、難なく打ち返すことができた。しかし、実戦になると途端にカーブが打てなくなる。考え抜いた末、私はひとつの結論に行き着いた。私がカーブを打てないのは、ストレート待ちの状態だからカーブを打てないのであって、「カーブが来る」と分かっていれば打てる。ということは、ピッチャーの投げる球種が事前に分かれば打てるということである。

それから私は相手ピッチャーの配球を研究し、さらには投球時のクセを見抜いて「次に来る球種は何か?」を読むことに心血を注いだ。すると徐々にではあるが球種を読めるようになり、「カーブの打てないノ、ム、ラ!」と野次られることはなくなった。

苦手といえば、多くのプロ野球選手は1シーズンのうちでもっとも暑い夏場を嫌う。だから私はそれを逆手にとって「夏は稼ぎ時」とばかりに人一倍奮起した。そのためにはバテずにひと夏を越えなければならないから、食事や体調管理、さらに睡眠にも十分に気を配って生活していた。

苦手を克服するより、長所を伸ばすほうに重点を置く教育なども最近では注目されているらしい。しかし、先ほども少し触れたように、つわものが揃うプロフェッショナルな世界でそれなりにやっていこうと思ったら、長所を伸ばすだけでなく、自分の短所もしっかりと修正していくことが求められる。

短所を改めれば、長所を伸ばすより伸びしろは大きくなる。自分を進化させようと思えば、短所を放っておく手はないのだ。

母の遺言を振り切って監督になった……

南海ホークスでプレイングマネージャーとなって以降、ヤクルト、阪神、楽天と私はプロ野球計4球団で監督を務めさせていただいた。

そして楽天で監督を終えるまで、私はプロ野球監督として通算1565勝を記録した。これは歴代5位の記録であり、私の上には親分・鶴岡一人（1位、1773勝）を筆頭に、三原脩（2位、1687勝）、藤本定義（3位、1657勝）、水原茂（4位、1585勝）という伝説の名監督たちがおり、読売ジャイアンツでV9を達成した川上哲治監督は1066勝の11位であるから、上位に居並ぶ私以外の名監督たちの数字がいかにすごいか、ご理解いただけるだろう。

当時のホークスオーナーだった川勝傳さんから「来シーズンから監督をしてくれないか?」と言われたのは私が35歳の時だった。「え、引退しろってことですか?」と聞くと「いや、プレイングマネージャーとしてお願いしたいんだ」と言われ、なお驚いた。そして、続いてかけられた言葉を私は今でも忘れはしない。

「無理を承知で頼む。君しかいないんだ」

オーナーは「即答は難しいだろうから、2、3日よく考えてみてくれ。いい返事を待ってるよ」と言って席を立った。

当時のプロ野球界には「大卒の選手が監督をする」というのが暗黙の了解のような雰囲気があった。だからまず「高卒でテスト生入団の俺に監督なんて無理だろう」と思った。

しかし、一プロ野球選手として「プレイングマネージャーをしてくれ」とオーナーから直々に頼まれたのは光栄以外の何物でもない。だが、考えれば考えるほど、監督兼選手は無理だと思えた。

でも正直な気持ちは、ひとりの社会人として「こんな私を必要としてくれる人がいる」という事実が素直にうれしかった。しかもそれがプロ野球球団のオーナーである。熟慮した上で、私はオーナーからの申し出をありがたくお受けすることにした。

実はオーナーからプレイングマネージャーを打診されたシーズン中盤、こんなことがあった。

オーナーやフロントの動きから何かを嗅ぎつけたマスコミが「次期監督は野村か？」と騒ぎ出したのだが、それにいち早く反応したのが私の母だった。わざわざ私に電話をかけてきて何を言うのかと思えば「お前に監督なんかできるわけがないから断りなさい」である。私は苦笑いし、「そんな話は来ていないから」と答えるしかなかった。

母は野球のことはもちろん、プロ野球界のこともまったく分かっていなかった。そして自分の息子が組織の一番上に立って指揮を執るなど、母にすれば考えられないことだったに違いない。

ところが、オーナーから直々に申し出があったシーズン終盤、私の母はガンで他界してしまった。母はプレイングマネージャーとしてグラウンドに立つ私の姿を見ることなく、あの世に旅立ってしまったのである。

おかしな話だが、今も私の心の片隅には「最後に母親を裏切った」という思いがある。よく言われることだが、子供がいくら大きくなったとしても母にとって子は子であり、子にとっても母は母である。だから私の中にある「母を裏切った」という思いは、この先もきっと消えることはないと思う。

求められた場所で生きる

南海ホークスのオーナーから「君しかいない」と言われ監督を引き受けて以来、私は「必要とされているうちが花」と思い、基本的に監督の話があればありがたくお受けする姿勢でやってきた。

そもそも、私がいくら「プロ球団で監督をしたい」と思っていても、球団側が「野村にお願いしよう」と思ってくれなければ監督になりようがない。

球団が私に「監督をお願いします」と話を持ってくるまでに、いろんなプロセスを経てきていることは容易に想像できる。

球団経営に関わる多くの人たちが考えを練りに練り、検討、相談、人選を重ねに重ね、最終的に私のところに話が来るわけである。そのプロセスを考えただけでも光栄すぎて、私には断る理由が見つからない。

私が球団のお役に立てるかどうかはやってみなければ分からない。だが、私にはある程度の結果は残せるという確信があった。

野球というスポーツはルールは複雑だが、原理原則は実に単純である。相手を0点に抑えれば100％負けることはない。つまり、「相手を0点に抑える」という概念をベースにチーム作りをしていけばいいのである。

相手を0点に抑えるには、何よりもピッチャーの存在が重要になる。育成にしろ、補強にしろ、まず最優先すべきはピッチャーなのだ。

そういった意味で、ヤクルトの相馬球団社長は私の考え方を尊重してくれた。高速スライダーでヤクルトの勝利に貢献してくれた伊藤智仁をドラフトで獲る際も、松井秀喜を推す編成部と伊藤を推す私との間で若干もめた。すると、そこで相馬球団社長の「野村監督の言う通りにしなさい！」という鶴の一声があり、めでたく伊藤を獲得することができた。

そういった意味でいえば、私の言うことを何も聞いてくれなかったのは阪神タイガースである。監督と編成部の考え方に大きな隔たりのあるチームは、どうしたって強くなれない。これもプロ野球界の原理原則といえるだろう。

リーダーの資質のない私がなぜ24年間も監督をできたのか

私は情にもろいタイプである。ビジネスだからといって、冷酷非情に人を扱うことができない。一生懸命やっている選手がいると、どうしても使いたくなってしまう。つまり、私はおおよそ「監督」や「リーダー」には向いていないタイプといえる。

それでも過去の実績を見て、私のことを「名監督」などと呼んでくれる野球フアンの方もいるが、私は自分のことを名監督などと思ったことは一度もない。その証拠として、私がいかにダメ監督か、ここで申し上げよう。

私はヤクルトで通算6年間、監督をしていた。その間、ヤクルトはリーグ優勝をし、日本一の栄冠にも輝いたが、シーズンの順位は1位、4位、1位、4位、1位、4位の繰り返しである。

私は1位になると心のどこかで安心し、気を緩めてしまうのだ。選手たちには「しっかりせえ!」と言い続けていたのに、指揮官である私がこの体たらく。私のことを名監督だと勘違いされている方がいるのは、きっと私が「最下位球団」の監督ばかりをしてきたからである。

最下位はそれ以上順位が下がることはないから、監督としての評価も下がることはない。南海ホークスで初めて監督を務めてからヤクルト、阪神、楽天の計4球団を渡り歩いたが、いずれも「最下位(ヤクルトのみ4位)」からのスタートである。きっと私に監督就任の話があったのは「弱者の戦法」に長けていると球団から評価されていたからなのだろう。

弱いチームの監督に就任した私は、いつも「弱者としてどうやって強者を倒すか」だけを考えていた。

東北楽天ゴールデンイーグルスの監督に就任した際、私は「〝無形の力〟を養おう」をスローガンとして掲げた。

〝無形の力〟とは、データを収集したり、分析したり、記憶したりする力であり、観察力、洞察力、判断力、決断力もそこに含まれる。

投げる・打つ・走るという技術、パフォーマンスは目に見える〝有形の力〟であるが、これらは有形なので限界がある。しかし、先述した無形の力は無限であるから、磨けば磨くほど己の力が増大していく。強者に勝つには、弱者は無形の力をその中に蓄積していくしかない。だから私は楽天で「〝無形の力〟を養おう」と選手たちに伝えたのだ。私が長年監督を続けられたのも、選手たちの無形の力を養う術に長けていたからなのだと思う。

とはいえ、弱いチームの監督ばかりしてきた私はずるい人間である。ひとつでも順位が上がれば「さすが野村監督」となる。結果で物事を判断する世論を逆手に取って、私は自分の評価を高めてきた。

しかし、もし今、1位のチームと最下位のチームから同時に監督のお誘いがあったら、私は迷わず1位のチームを選ぶ。1位のチームは世間から下される評価も厳しいと思うが、そこは覚悟を決めて監督を務め上げればいいだけ。とにかくもう、最下位のチームで苦労するのだけは御免こうむりたい。

人としての使命を考えよ

本書のテーマは「生き残る」であるが、人間はみな、人生を生き抜くためにこの世に生を受けた。

監督時代、私はミーティングで選手たちに「君たちは人生を生き抜く使命を持っている」ということを伝え、「人生とは何か?」を考えさせた。

「人生」という言葉から私が連想するものは次の4つである。

1　人として生まれる（運命）
2　人として生きる（責任と使命）
3　人を生かす（仕事、チーム力）
4　人を生む（繁栄、育成、継続）

プロ野球選手は幼い頃から野球一筋で生きてきたため、何も考えずに生きてきた人間がとても多い。でもその分、純真無垢なところもあるから、私がこういった人生や人間についての話を始めると、みんな興味津々な顔つきで聞いてくれたものである。

選手たちには2番目の「人として生きる」を私は徹底して説き続けた。「人」という漢字の一画目、「ノ」は人間の体を意味している。そして、そこに支えが入って初めて「人」になる。人間は、誰か他の人の支えがないと生きていけない生き物なのだ。

また、「人間」という字は「人」の「間」と書く。つまり、人と人の間で生きているのが人間であり、だからこそよりよい人間関係を保つことがとても大切になってくる。プロの世界に入ってきた選手たちも、ひとりで勝手に野球がうまくなり、プロになれたわけではない。そのことに気づけば、お世話になった方々への感謝の気持ちも生まれてくる。どんな職業であれ、考え方のベースにそういったものがなければ、一社会人として生きていく資格はない。

私は監督として、3番目の「人を生かす」を常に念頭に置いてチームを指揮してきた。人を生かすには、適材適所の人材配置と選手たちのやる気を引き出す指導、声がけが欠かせない。選手が生きればチームに活力が生まれ、その活力が他の選手を生かす力にもなる。そういった相乗効果なくして強いチームは育めないのだ。

心が変われば人生は変わっていく。ヒンズー教の教えに、私が心を打たれた言葉があるのでそれを最後にご紹介したい。

心が変われば態度が変わる。
態度が変われば行動が変わる。
行動が変われば習慣が変わる。
習慣が変われば人格が変わる。
人格が変われば運命が変わる。
運命が変われば人生が変わる。

私はあとどれくらい生きられるのか、それは分からない。だが、この生ある限り、私自身も「人間」そして「人生」についての考察を続け、人生を少しでもいい方向に変えていきたいと思っている。

第三章

生き残るための進化

新庄剛志に見る長所の生かし方

私は1999年から3年間、阪神タイガースの監督を務めたが、一番印象に残っている選手といえば、やはり新庄剛志をおいて他にいない。

新庄は私がそれまで実践してきた「シンキング・ベースボール」の対極にいるような選手だった。素質は確かに素晴らしいものを持っていたが、ただそれだけ。「こんなんでよくプロの一軍で何年もやってこれたな」と最初は思ったが、キャンプから彼の動きをチェックしていくうちに、それもこれも、彼が類い稀な資質の持ち主であるからだということが分かった。

新庄は間違いなく阪神のキーマンだった。彼の素質をいかに伸ばすか。そのことを考えた時、私は「人を見て法を説け」という言葉を思い出した。

ヤクルトでやってきたように、毎日のミーティングで新庄に野球理論を説いたとして、果たして彼が理解してくれるだろうか？　それはどう考えても無理のあることだった。

そこで私は、基本的には新庄の思い通りに練習をさせながら、彼の気づかぬうちにいろんなことを知ってもらう、あるいは考えるきっかけにしてもらうにはどうしたらいいかを考えた。そこで思いついたのが「二刀流の練習」である。

キャンプ当初、私は新庄にキャッチャーをやらせてみようかと考えた。でもその話を彼に振ると、とても嫌そうな顔をしたので「じゃあ、どこがやりたい？」と聞くと、少年のような表情で「ピッチャーです！」と答えた。彼のような人間に集中して練習をさせようと思ったら、指導者がまず最初にやるべきは本人のやる気を引き出すことだ。

「だったらピッチャーをやってみろ」

その日から彼の二刀流練習が始まった。

新庄にピッチャーの練習をやらせたのには理由がふたつある。ひとつは、ピッチングには配球というものがあることを知ってほしかった。そしてもうひとつは、ピッチャーをやることで下半身の使い方を覚えてもらいたかった。いずれも、そこから学んだものを彼のバッティングに生かしてもらえればと考えた。

新庄は私の就任2年目に、阪神の四番打者として打率2割7分8厘、本塁打28本とキャリアハイの成績を残し、シーズンオフにＦＡ宣言するとメジャーリーグのニューヨーク・メッツへと移籍した。

その後、新庄は日本ハムファイターズが北海道に本拠地を移転するのにともない、２００４年に日本球界復帰を果たすが、彼が北海道にプロ野球を根付かせるために果たした功績はとても大きかったように思う。華のある彼ならではのやり方で、北海道を大いに盛り上げてくれた。

新庄は恵まれた才能を生かし、プロ野球界で結果を残したが、私は新庄と触れ合ったことで選手を生かすも殺すも監督の腕次第だということを痛感した。自分の考え方を押しつけることなく、その選手に合わせて指導法を変えていく。そういった臨機応変さがリーダーには求められることを、私は新庄と触れ合うことで学んだのである。

解説者の経験が監督になって大きく生きた

１９８０年に現役を引退し、私はその後解説者としてプロ野球界に携わっていくことになった。

現役時代は誰よりも考えて野球をしてきた私である。キャッチャーという立場で冷静に戦局を捉え、バッターたちと勝負してきたつもりだった。

しかし、解説者としてバックネット裏から試合を見ていると、現役時代の自分はまだまだ視野が狭かったことに気づかされた。

現役時代、私はキャッチャーをしながら各バッターの仕草、表情などを観察し、相手の裏をかく配球を考え、ピッチャーをリードしてきた。バッター心理を読み取る術は、12球団のキャッチャーの中でも一番だという自負もあった。

ところが解説者となり、バックネット裏から野球を見ていると、それまで以上にバッターが何を考え、次は何の球種を待っているかといったことが分かるようになっていった。

解説者となって、グラウンドで起きていることを冷静かつより広い視野で捉えられるようになったのには、いくつかの理由があると思う。

まず、バックネット裏から見ることで試合を俯瞰して捉えられるようになり、視野は確実に広がった。さらに、その試合の勝敗がどうなろうと自分にはまったく関係ないわけだから、気楽に、余裕を持って試合を見ることができた。そんな諸々の条件が重なったことで、私は現役時代よりも客観的かつ正確に試合の流れを捉えることができるようになったのだろう。

何事もそうだが、当事者よりもその周囲にいる人たちのほうが、起きた事象を冷静に捉えているものである。

現役時代に勉強してきたことが、私の野球観のベースにあるのは間違いない。私の場合、解説者となったことでそんなベースに新たな視点が加わり、自分の中にあった野球観をさらに進化させることができた。

そんな進化の過程で生まれたのが、解説者時代に私が発案した「野村スコープ」である。実際の中継映像の中でストライクゾーンを9マスに区切り、そこに私が「このバッターはここが得意ですから、このあたりに投げると危険ですよ」とか「ここに投げておけば、まず打たれないでしょう」と解説しながら印を描き込んでいく。この解説方法は当時、視聴者にも大好評だった。

私は解説者時代にもこのような進化を続け、その結果、ヤクルトスワローズの相馬球団社長から直々に監督就任を要請されるに至ったのである。

自らが作った限界を捨てる

野村再生工場。私がそう呼ばれるきっかけとなったふたりの選手がいる。それは私が南海ホークスでプレイングマネージャーをしていた1973年に、ジャイアンツから移籍してきた山内新一と松原（福士）明夫（敬章）というふたりのピッチャーである。

今でも他球団に移籍した途端、それまでの不振が嘘のように活躍し、主力的存在へと変化を遂げる選手を度々見かける。近年ではジャイアンツからファイターズに移籍した大田泰示がよい例だろう。移籍した選手たちが新天地で目覚ましい活躍を見せるのは、前球団を見返してやりたいという「悔しさ」と、新天地での「気分一新」という気持ちの切り替えによるところが大きいと思う。

先述した山内、松原にしろ、現役で活躍中の大田にしろ、言葉は悪いが元いた球団からはお払い箱になった選手といえる。そういった伸び悩んでいる選手たちに共通しているのが、「自分の力はこんなもんだ」というネガティブな考え方である。

だから私は移籍してきた選手たちに対し、まずはそれぞれの選手たちが抱えているネガティブな思考を取り除くために「自信」をつけてもらうにはどうしたらいいかを考えた。

山内も松原も、天下のジャイアンツに認められて入団したピッチャーである。

ふたりのピッチングを見ても、実際にいいボールを投げていた。だがふたりは冷や飯を食わされ続けた結果、自信を喪失し、「俺の力はこんなもんだ」と勝手に自分の力を限定してしまっていた。

そんな彼らに自信を取り戻してもらうため、私はふたりにバッティング練習時のキャッチャーをやらせた。

私の意図はこうである。バッティングピッチャーには100キロ程度のボールを投げてもらう。するとバッターは、100キロそこそこのボールでもコースにきっちりと投げられたボールは、打ち損じたりすることがある。ふたりには、コースにきっちり投げ分けられるコントロールがいかに大切かを改めて認識してほしかったので、このようなやり方を取ったのだ。

「お前たちはまだまだできる。スピードはいいから、とにかくコントロールをつけろ」

私はふたりにそう命じた。また、私は現役のキャッチャーでもあったから「コントロールさえつければ、後は俺が配球を考えて何とかするから」とつけ加えた。

結果として、コントロールに磨きをかけた彼らは勝ち星を重ね、その年のホークスのリーグ優勝に大いに貢献してくれた。とくに山内は20勝の大活躍である。彼らがいなければ、ホークスの優勝はなかったといっていいだろう。

実力はあるのに、なかなか芽の出ない選手はどの球団にもいるものだ。くすぶっている理由は、本人の性格や野球に対する取り組み方など、その選手自身に起因するところが大きい。しかしながら、選手の持てる力を十分に引き出してあげることができなかった指導者にも責任はある。

いい指導者とは「選手が力を発揮できないのは指導者の側に原因がある」と考えられる人である。そのように考えられる指導者は、原因を探り、対処法を考え、選手に自信をつけてやることができるのだ。

選手自身が勝手に設定した「己の限界」を取り除くには、何よりも自信を取り戻してもらうことに尽きる。今後もし、トレード後に大活躍をするような選手が出てきたとしたら、それは本人の努力はもちろんだが、周囲にいい指導者がいると考えてまず間違いないと思う。

不器用だからこそチャンスがある

私は何をするにもとにかく不器用である。プロ野球選手として生きていた時もそうだったし、人と接するのも不器用である。

不器用を絵に描いたような男が、なぜ今までこの社会で生きてこられたのか？逆説的な話になってしまうが、私は不器用であったからこそこの社会で何とか生き延びてこられたのだと思っている。

プロ野球選手にも器用な選手と不器用な選手がいる。器用な選手は、不器用な選手が2年も3年もかけて体得することを事もなげに一瞬にして実現してしまう。

私は苦手だったカーブ打ちを克服するため必死に練習し、データを収集し、相手ピッチャーのクセを読むなどさまざまな対策を講じ、カーブ打ちを体得した。

だが、器用な選手はそんな努力をするまでもなく、いとも簡単にカーブを打った。当時はそんな器用な選手を見る度「俺もこれだけ器用だったらよかったのに」とうらやんだものだが、今となっては「不器用だったからこそ、私は生きてこられたのだ」ということを実感する。

器用な人はそれができて当たり前だから「なぜそれができたのか?」ということをあまり深く考えない。一方、私のように不器用な人は、「どうやったらそれができるのか?」を真剣に考え、それを実現させるために試行錯誤、工夫を重ねる。この試行錯誤、工夫といった経験は、何物にも代えがたいその人だけの財産である。

誰よりも不器用だった私が今まで生きてこられたのは、この財産があったからに他ならない。現役を引退し、選手を指導する立場となった時、私にはこの財産があったから、プロの壁の前で苦悩している選手に対してヒントを与えてあげることもできた。テレビやラジオでプロ野球の解説ができるのも、こうやって今でも書籍を出版できるのも、私が不器用だったからである。

もし本書をお読みのあなたが「私も不器用です」と思っているのなら、その不器用さに感謝したほうがいい。

「最後は不器用が勝つ」

そう信じて、生き残るための「あなただけの財産」を増やしていってほしい。

脇役に徹し、実力を開花させたふたりの名手

私がヤクルトで監督を務めていた時代、つなぐ打撃でチームに大いに貢献してくれた土橋勝征という選手がいた。

印旛高校（千葉）出身の土橋は高校時代、長距離砲として有名で最後の夏の大会では計5本塁打を記録した。この記録は今でも千葉県の大会記録として残っているという。

彼はドラフト2位でヤクルトに入団。この順位の高さから見ても、当時の私たちが彼にいかに期待していたか分かっていただけるだろう。

私たちが彼に期待していたのは、千葉で鳴らしたその長打力だった。しかし、二軍ではホームランを打つものの、一軍に上がると長打は出ないしアベレージも上がらない。入団後、5～6年は一軍と二軍を行ったり来たりしていた。

土橋が一軍レギュラーの座を勝ち取ったのは、入団8年目のことだった。彼は一軍で結果を出すにはホームランバッターではなく、アベレージヒッターになるしかないと腹をくくった。バットを短く持ち、あの独特のバッティングフォームで彼はつなぎ役に徹するようになった。そして、セカンドとしてレギュラーの座を勝ち取ったのである。

右打ちを極め、彼は打順が何番であっても常に「次につなぐにはどうしたらいいか」を考えていた。その身を犠牲にしてチームに尽くす。彼は私が何か言わずとも、やってほしいことをやってくれた。ヤクルトが日本一になれたのは、彼のような名脇役がいたからなのだ。

土橋ともうひとり、セカンドの名手として忘れられない選手がいる。それは西武ライオンズから移籍してきた辻発彦である。

彼は土橋同様、西武の黄金時代を陰で支えた名脇役である（今では西武の監督としてがんばっている）。彼がいたからこそ、当時のクリーンナップだった秋山幸二、清原和博、デストラーデが光り輝けた。

辻は西武からコーチ就任を打診されるも、現役にこだわって自由契約となり、ヤクルトにやってきた。私が辻を獲ったのは、土橋のよき見本となってほしいという思いもあった。

実は辻も、社会人野球時代（日本通運）は四番を打つ長距離砲だった。しかし、彼もプロで生き残っていくためにバットを短く持ち、右方向に進塁打を放つ巧打者へと自分を変化させた。そして、森昌彦（祇晶）監督とともに西武の黄金時代を築き上げたのである。

私は辻が土橋と同じような経過を辿り、つなぎ役になったことを知っていた。だから土橋は辻のそばにいるだけで、いろんなことが勉強できるはずだと考えた。結果として私の狙いはうまくはまり、土橋はその後辻からいろんなことを吸収し、地味だが堅実なセカンドとしてチームの勝利に大いに貢献してくれた。

ふたりの名脇役は私たちに、結果を出すためにはまず「己を知る」ことが大切であると教えてくれている。自分を知り、自分の役割を考え、生き残るために自分の武器を磨いていく。主役にならずとも、この世界で輝ける方法はいくらでもあるのである。

速球派ピッチャーには3段階の成長過程がある

日本プロ野球の12球団には、どのチームにも150キロを超えるボールを投げるいわゆる「速球派」と呼ばれるピッチャーがいる。

だが、150キロ以上のボールを投げる力があっても、そのすべてのピッチャーがプロ野球界で一流になれるわけではない。むしろ一流となれるのは、ほんの一握りのピッチャーだけである。

普通の人たちには到底投げられない、150キロ超という速球を投げられる身体能力を持ちながら、なぜ一流になれるピッチャーもいれば、なれないピッチャーもいるのか。

私は、速球派ピッチャーには3段階の成長過程があると思っている。

●レベル1↓キャッチャーのミットめがけて投げるだけ。正確なコントロールも技術もない。

●レベル2↓思い切り投げた球をコーナーに投げ分けられるコントロールがある。

●レベル3↓打者の心理を読んだ投球術を持っている。

速球派のピッチャーの成長は、この3つのレベルに分けられるが、ほとんどのピッチャーが自分の投げるボールの速さだけに頼ってしまい、第1段階のレベル1で終わってしまう。仮に第2段階に進めたとしても「ただ速い」だけでは意味がない。一流と呼ばれるピッチャーには、第3段階である頭を使った投球術が求められるのである。

レベル3に達している速球派のピッチャーとして真っ先に思い浮かぶのは、私が現役時代に見た金田正一、江夏豊といった伝説のピッチャーたちである。残念ながら今現在の時点で、金田さんや江夏に比肩するほどの速球派ピッチャーは日本にはいない。あえて挙げるとするならば、海の向こうで活躍しているマー君はそのレベルに達しつつあるといっていいだろう。

シーズン前のキャンプでは、仕上げの時期に入ってくるとピッチャーが100球、200球と投げ込むことはよくある。この時、「俺は200球投げた」と球数だけで満足してしまっているピッチャーを私は現役、監督時代を通じて幾人も見てきた。だが球数だけで満足してしまっているようでは、ただのピッチングマシンである。一流を目指すなら、たとえ練習であろうとも実戦を意識し、テーマを持って投げ込みをしなければならない。

テーマを持った投球練習とは、コースにしっかりと投げ分ける技術を磨くための練習であり、ピッチャーの生命線であるアウトローにしっかりと投げ込むコントロールを持つのが、一流になるための最低条件である。

150キロ超のストレートが投げられるからとおごることなく、普段の練習からテーマを持って考えながら投げる。一流になるためには、体だけでなく、そういった心の管理も必要なのだ。

努力の継続は最低4カ月を目安にせよ

上杉鷹山の残した言葉に「為せば成る　為さねば成らぬ何事も　成らぬは人の為さぬなりけり」というものがある。大きな目標があったとしても、それを叶えるのも、叶えないのも結局はその人の気持ち次第。強い意志を持って努力を続ければ願いは成就する。鷹山の残した言葉の意味を、私はプロ野球という仕事を通じて理解してきた。

南海ホークスに入団した当初、まず私は「一軍定着」を目標に設定した。技術、体力に劣る私は誰よりも練習し、筋力トレーニングにも励んだ。私がプロ野球選手となった1950年頃は、今のような筋トレマシンがあるわけもなく、私は砂を詰めた一升瓶で腕力を、ゴム製のテニスボールを握って握力を鍛えるなどしていた。

しかし、どんなにハードなトレーニングを重ねたとしても、その成果がすぐに表れることは稀で、はっきりとした成果を感じるにはある一定の期間を要するものである。現役時代に私が行っていたトレーニングを思い返すと、最低でも4カ月は粘り強く努力を続ける必要があるように思う。

人は芳しい結果が得られないと、「もう無理だ」とそれまで続けてきた努力をやめてしまうことがある。私もそうだったが、最初の山となるのがだいたい3カ月くらい経った頃である。

だが、私の経験からいえば、成果が表れないからといって3カ月で努力をやめてしまうのはちょっと早い。なぜなら、ある程度の成果が表れるのは4カ月経ってからのことが多いからだ。

目標を立て、それを達成していくコツ。それは、大きな目標を達成するための「小さな目標」をいくつも立てることだ。そして、その小さな目標を最低でも4カ月は続けてみる。そうすればあなたも「為せば成る」をきっと実感できるはずである。

成長を阻む壁に感謝する

「もう無理だ」と、努力を途中で投げ出してしまうのがよくないのは前項で述べた通りだが、近年は「自分の力はこの程度だから、これだけやれば十分だ」と自分の力を過小評価し、低いレベルで妥協してしまっている人が多くなってきているように感じる。

自己評価のレベルが低ければ、目標の設定値も当然低くなる。プロ野球界でも中途半端な成績の選手にこのタイプが多い。目標が低いため努力も限定的で「これくらいでいいや」とすぐに満足してしまうから、すべてが中途半端なまま終わってしまう。

私は昔から選手たちに「満足→妥協→限定」は、その人の成長を妨げる最大の敵だと言い続けてきた。

なぜ最近の選手たちがすぐに満足、妥協してしまうのか？

それは私の若かった頃と比べ、社会全体からハングリー精神というものが失われつつあることも大きな理由のひとつだと思うが、私はそれ以上に今の選手たちが「楽しむ」ということを勘違いしてしまっているような気がしてならない。

「今日の試合を楽しみたいと思います」

プロ野球に限らず、スポーツ中継などをテレビで見ていると、選手たちがこういった言葉を使うのをよく耳にする。

「楽しむ」という表現は英語だと「Enjoy（エンジョイ）」もしくは「Fun（ファン）」と表現する。聞くところによると、「エンジョイ」のほうは「自分の持っている力をすべて出し切って楽しむ」という意味合いが強く、「ファン」のほうはそれよりも軽い意味合いで、ただ単に「楽しもう」という時に使われているようである。

私には、今の選手たちが「ファン」の意味合いで「楽しむ」という表現を使っていることのほうが多く感じられる。だから低いレベルで満足してしまっているのではないか。でも、低いレベルで満足してしまっているようでは、とてもではないが「プロ」とは呼べない。

私も現役時代は多くの壁にぶち当たり、その度に「この壁を越えるにはどうしたらいいか」を考えて対策を講じ、自分を成長させるために工夫に工夫を重ねてきた。

しかし、私にとってそういった壁を越えるための作業は辛いものでも、苦しいものでもなく、「楽しい」ことだった。大好きな野球を続けるには、私は自分の実力を伸ばしていくしかなかった。そして壁を越えるということは、自分が成長した証でもある。壁が目の前に現れる度、私は「これでまた自分が成長できる。ありがたい」と感謝心すら抱いた。練習も試合もすべてに全力で取り組み、飽くなき挑戦を続けた。プロ野球を生業とした毎日の生活が、私には楽しくてしょうがなかった。

つまらない自己満足、自己限定は己の成長を阻むものでしかない。自分を成長させてくれる壁の存在に感謝し、さらなる高みを目指して努力を続ける。そういった努力はその人にとって苦しいものではなく、「エンジョイ」できるものへと変化していくはずである。

突き詰めて考えることの重要性

私はプロ野球の監督として、毎日ミーティングを欠かさずに行っていた。思考と行動はつながっている。動きがよくなるのも悪くなるのも考え方次第。だから私は、選手たちに少しでもよくなってほしくて「考えることの重要性」を毎日説き続けたのである。

野球というスポーツは、ピッチャーが一球投げるごとに間が入る。スポーツにおいて、これだけ間の入る種目はないだろう。次のプレーに対して、備える時間が設けられている。それが野球というスポーツなのだ。

間があるということは「考える時間がある」ということである。深く考えれば考えるほど、人はいろいろなことに対処できるようになる。ただ、やっかいなのは、野球は考える人でも、考えない人でも一見同等にプレーできる。だからプロ野球でも「考えてプレーする人」がなかなか増えていかない。私ごときが「頭脳派」などと持ち上げられるのだから、プロ野球界のレベルがいかほどのものかは推して知るべしである。

私は選手たちに「考えるクセ」をつけてもらおうと、私自身が現役時代から続けてきた「○○とは何だ?」「○○とは?」など、あらゆることに疑問符をつけて、突き詰めて物事を考えるようにミーティングで提起していた。

「野球とは?」

「バッティングとは?」

「ピッチングとは?」

そういったことを突き詰めて考えていくと、また新たな別の「とは?」が浮かび上がってくる。次々に浮かんでくる「とは?」を繰り返し、自問自答していくことで野球への理解が深まり、考える野球が実践できるようになるのだ。

私が現役の頃に3割40本塁打を記録できたり、三冠王を獲得することができたりしたのは、ひとえに「考えないピッチャー（バッテリー）」が多かったからである。私のように常日頃から野球を突き詰めて考えているピッチャーばかりだったら、私のようなテスト生上がりの選手が一軍で活躍することなど到底できなかっただろう。

もし、今のプロ野球選手たちがみな「考える野球」をするようになったら、日本の野球界全体が大きく変わっていくだろう。そういった野球を実践すれば、あのメジャーリーグといえども、日本の野球に簡単に勝つことはできなくなるはずである。

聞くは一時の恥、聞かぬは一生の恥と心得よ

この世には親と子、教師と生徒、師匠と弟子、上司と部下などさまざまな上下関係が存在するが、下の立場の人たちを「育てる」「育成する」というのは本当に難しいことである。

私もプロ野球の監督を務める中で、数え切れないほどの選手、そしてコーチと接してきた。監督である私の役目は選手を育成するだけでなく、コーチ陣を管理、場合によっては選手と同じようにコーチも育成する必要があった。

子育てにしろ、部下の育成にしろ、「こう指導すればいい」という正解はない。正解がないのだからその都度、最善の道を模索しながら進んでいかなければならない。私も監督をしていた頃は毎日が「学び」だった。

下の立場の人間を指導する場合、無理矢理押しつけるような指導をしたり、や

みくもに怒鳴ったりするような指導は避けなければならない。たとえ下の立場といえども、部下には部下の立場があるし、プライドもある。本人の立場を尊重しつつ、「相手にどう伝えれば響くか」「どう伝えれば分かってもらえるか」を常に考えて接する必要があるのだ。

グラウンドでコーチが選手を指導している時、私はコーチの指導がちょっと間違っていると思ってもその場では何も言わなかった。選手の前で「おい、その指導は間違ってるぞ」などと指摘すれば、コーチの立場がなくなってしまう。だから、その後のコーチ会議などで私は「さっきの君の指導だが」と指摘するようにしていた。他のコーチたちの前であえて指摘することで、「なるほど、そういう指導ではダメなのだ」と全コーチに気づいてもらえる。部下の育成においては、その指導の内容も重要だが、それと同じくらい指導する「時と場所」も重要なのである。それを覚えておいて損はない。

また、部下の立場から見ると、上司であるAさんとBさんで指導が違う、言っていることが違うということが往々にしてある。

私が若手だった頃も、Aコーチと Bコーチの言うことがまったく違うということがままあった。そんな時、私は両方の指導を「はい、はい」とその場では聞いておいて、後から「自分にはAコーチに教わったやり方が合っている」「Bコーチの指導は合わない」と取捨選択を自分で行っていた。

現場での経験があまりない下の立場の人たちは、そういった時に正しい選択をするのはなかなか難しいかもしれない。でもそんな時こそ、まわりにいる友人や先輩、信頼のおける上司に疑問に思っていることを聞けばいいと思う。

日本人は、他の人にものを尋ねるというのがとても苦手な人種である。「こんなことを聞いたら失礼にあたるのでは?」「こんな当たり前のことを聞いたらバカだと思われるのでは?」と聞く前からああでもない、こうでもないと勝手に想像を膨らませ、聞くことを躊躇している。確かに、その時はちょっと恥ずかしい思いをするかもしれないが「聞くは一時の恥、聞かぬは一生の恥」ということわざもある。一生恥ずかしい思いをしたくないのなら、疑問に感じたことはその都度、周囲の人たちに聞いてみるべきだ。その経験の積み重ねが人間の幅となり、正しい選択をする上での知恵となるのだ。

現状に満足しない向上心を持ち続けよ

私がプロ入りした1950年代は、戦後復興の真っ最中だった。我が家は母子家庭で大変な貧乏だったが、社会全体も物資が乏しく、その分若者たちはみな「金持ちになってやる」「有名になって豊かな生活をしてやる」とハングリー精神を持っていた。

私がプロ野球の世界に入ったのも、それまで苦労をかけた母に楽をしてほしかったからだ。

「プロ野球で稼いで母を楽にする」

この一念があったから私はどんなに練習しても、どれだけいい結果が出ても満足することはなかった。

「もっと、もっと」

「さらにその上へ」

その向上心だけで私は生きていた。

だが、私がプロ野球チームの監督となり、ドラフトを経て入団してくる若者たちを見ていて気づいたことがあった。私から見ると、多くのルーキーたちが「プロ野球選手になった」という事実だけで満足してしまっていた。だから若い頃の私のように「もっと、もっと」という向上心がない。燃え尽き症候群とでもいうのだろうか。「プロ」はスタート地点ではなく、ゴールだと勘違いしてしまっている若い選手がたくさんいた。

だから、私はルーキーたちにいつもこう言っていた。

「プロはゴールではなく、スタート地点だ。これからが勝負。上を目指さなければ問題意識も湧いてこない。向上心があれば自分に何が欠けているか見えてくる。その問題意識を持って、どうやったら自分がうまくなれるか、チームが強くなれるかを考え、毎日の練習に取り組んでほしい」

本書の中で繰り返し述べているように、野球は考えてするスポーツである。だが、「うまくなりたい」「強くなりたい」という向上心を保つ理由はシンプルであったほうがいい。

私の家は貧乏だったから、私はシンプルに「母に楽をさせたい」「母のために」と思った。それが今でいうところの私のモチベーションだった。そう考えると、「○○のために」という自分以外の何かのために戦うという気持ちを持ったほうが、人の向上心は保たれるのかもしれない。

長生きするためにもボヤキは必要

「マー君、神の子、不思議な子」

この言葉に代表されるように、東北楽天ゴールデンイーグルスで監督をしていた頃、試合後に記者たちが待ち受けるインタビュールームで発した私の言葉は、翌日のスポーツ紙で取り上げられることが多かった。

みなさんご存じのように、基本的に私がマスコミ相手に発していた言葉はそのほとんどが「ボヤキ」である。

楽天監督時代も、記者たちは私のボヤキを期待してくれていた。だが彼らも商売である。私の発言があまり面白くないと紙面で取り上げてはくれない。だからこちらとしても記者の期待に応えたいし、紙面にも取り上げてもらいたいしで、頭をひねってボヤキコメントを考えたものだ。

今だから白状するが、試合の終盤、7回くらいになると私の頭の中は「試合後のコメントで何を言うか?」でいっぱいだった。これでは監督失格である。

当時は「ボヤキのノムさん」とよく言われたものだが、私のボヤキは常にまわりを楽しませる内容にしようと心掛けていた。だからボヤキをあまりにネガティブに捉えられてしまった時は「ボヤキは理想主義者だから出るんですよ」と説明するようにしていた。

ボヤキは悪いものではなく、とてもいい行為だと私は思っている。自分の中にしっかりとした理想を持っているのだが、それと現実が重ならないからボヤキとなって表れる。

そういった意味では、キャッチャーというポジションを務める人間は、よくボヤくタイプが向いていると思う。

「ボヤかないキャッチャーはキャッチャーではない」

これが私の考え方である。

西武ライオンズに在籍していた頃、ロッカールームの隣が田淵幸一だったのだが、彼はまったくボヤかなかった。私が「何でもっとボヤかないんだ？　不満はないのか？」と問いかけても返事もない。その時私は「田淵は性格がキャッチャー向きじゃないんだな」と判断を下した。

ボヤキは理想主義者である証だし、ボヤくことでストレスも発散できるし、いいことづくめである。

ボヤいて本音を言うと嫌われたり、反感を買ったりするから言いたくても言えない。そんなふうに思っている方もいらっしゃると思うが、ストレスを溜め込まず、健康体で長生きするためにも、みなさんには私のように大いにボヤいていただきたい。

いずれにせよ、「ボヤキのノムさん」からボヤキを取ったら後は死ぬだけである。そんなわけで、生ある限り私はこれからもボヤキ続けていこうと思う。

「勝った理由」を分析するのも生き残る道

私のよく言う言葉のひとつに「失敗と書いて成長と読む」というものがある。失敗した時、負けた時に「なぜ失敗したのか?」「なぜ負けたのか?」と、その原因をじっくりと考え、「では成功(勝利)するためにはどうしたらいいのか?」という問いかけの答えを探していく。失敗や負けの中にこそ、成功するためのカギが隠されている。

私はもともとマイナス思考な人間なので、常に「最悪な状況」を想定して生きてきた。そんな性格が見事にキャッチャーに合っていたから、私はプロ野球界で生き残ってくることができた。

私のようなマイナス思考人間は、ついつい物事を悪いほうへ、悪いほうへと考えてしまいがちだが、そういった人間のほうが「失敗（負け）の原因」を探ろうとする意識が高い。

失敗の原因を普段から探るクセをつけておけば、たとえ「最悪な状況」になったとしてもいち早く対応することができる。だから、私のようにマイナス思考な人は「私はネガティブだから」と自分を悲観せず、そのよさをこの社会で大いに生かしていっていただきたい。

また、ここまで述べた「失敗の原因を考える」のと同様、実は「なぜ成功（勝利）したのか？」を考えることも同じくらい大切だということをここで改めてご説明しておく。

先述したように「なぜ失敗したのか？」を考える人は結構いるが、「なぜ成功したのか？」を突き詰めて考える人はあまりいない。

「成功した（勝った）からそれでよし」

成功した喜びのあまり、人はどうしてもそのような思考になりがちだが、「勝って兜の緒を締めよ」ということわざもあるように、成功した時にも「なぜ成功したのか？」を考えることが重要である。

野球にたとえれば、負けたほうは「なぜ負けたのか？」を考えて次の戦いに備えてくる。ならば、勝ったほうも「なぜ勝ったのか？」をしっかりと考え、相手の進化、変化に対応していかなければならない。

勝っても、負けても、その原因、理由を探り、次の対応策を考えておく。これが勝負の世界で生きていく上で、とても大切な生き残り術なのである。

ベンチの「野次」から監督の人間性が透けて見える

日本プロ野球界を代表する名将である読売ジャイアンツの川上哲治元監督は、

まめにミーティングを行っていたことで知られており、長嶋茂雄や王貞治にも特別扱いすることはせず、ミーティングにおいても他の選手と同様、メモを取らせていたという。

川上さんのミーティングは野球の話より、「一社会人としてどうやって生きていくか」という人間教育的な内容の話が多かったそうである。後のインタビューなどで川上さんは「プロ野球選手として働く時間は人生のほんの一部分に過ぎず、選手たちにとっては野球人としてより、ひとりの人間として生きる時間のほうがはるかに長い。だから選手たちが一社会人となった時に、さすがはジャイアンツの選手だと言われるようにしておきたかった」というような意味合いのことを述べている。私の監督としてのスタンスは、川上さんのこういった考え方もベースとなっている。

私の恩師であるホークスの鶴岡一人元監督は、相手チームの監督に対する汚い野次を絶対に許さなかった。また、選手同士の威嚇行為、報復行為も鶴岡監督は大変に嫌った。

私も鶴岡監督に倣って、監督時代には自チームの選手たちに対し、汚い野次は慎むように指導していた。

ヤクルトスワローズで監督をしていた時代、広島東洋カープとの試合でこんなことがあった。

ある試合でうちのピッチャーが当時カープに在籍していた金本知憲に対し、2球続けて頭部付近に投球した。その時はカープのコーチから「もっとコントロールのいいやつに投げさせろ!」とクレームがついたくらいで終わったのだが、後日再びカープと対戦した際、うちの同じピッチャーがカープの選手にデッドボールを与えた。だが、この時は頭部付近ではなく、ヒジをかする程度のデッドボールで普段なら問題になるような投球ではなかった。

ところが、いきり立ったカープナインがベンチから飛び出してくると、その中にいた三村敏之監督がヤクルトの選手たちに対し「お前ら、日本シリーズに出れんようにしてやるぞ(シーズンの終盤でヤクルトは優勝を決めていた)」とヤクザまがいの因縁をつけてきたのである。

カープの選手たちは礼儀正しく、野球に対する姿勢も共鳴できることが多かったので、私は現役時代からカープには好印象をずっと持ち続けていた。それだけに三村監督の発した一言は私をひどく失望させた。

同じ頃、西武ライオンズとの日本シリーズでも私は同じような失望を抱いた。それは、私があるプレーで球審に判定を確認しようと、グラウンドに飛び出した時のことだった。私が球審に近寄っていくと西武のベンチから「豚！」「デブ！」「引っ込め！」と野次が飛んできたのである。

先述したように私は鶴岡監督からの流れを汲み、自チームの選手たちには敵将に対する野次は厳禁としていた。ところが、西武からは私に対してこのような口汚い罵りの言葉が浴びせられた。野次の質も低俗で、ユーモアのかけらもない。私が在籍していた当時の西武はもっと品格があったし、礼儀やマナーにもうるさかった。その西武がこの体たらくである。この時の監督は東尾修だったが、彼は選手たちに人間性を高めるような教育をきっとしていなかったのだろう。

指導者（リーダー）が「勝てばいい」「技術が上がればいい」という考えだけ

でいると、ここに挙げたような恥ずべき行為を何の躊躇もなくしてしまう選手（部下）を生み出すことになる。結果至上主義の世の中では「法を破らなければ何をしてもいい」というような短絡的な考え方に陥りがちだが、リーダーにはその前にもっとやらなければならないことがあるのだ。

第四章

結果を出し続ける条件

「努力はいつか報われる」はウソ

一生懸命努力しているのに、1年経っても2年経ってもなかなか結果が出ない。自分はやはり才能がないのだろうか……。長い期間、思ったような成果が得られないと、人はどうしてもそのように感じてしまうものである。

同じ努力をしているのに、Aさんは着実に成長し、片やBさんはまったく結果が出ないというようなこともこの世の中では頻繁に起こっている。

この差は一体どこから来るのだろうか?

私が思うに、この答えは実にシンプルである。この場合の「努力」がAさんには合っていたが、Bさんには合っていなかった。ただそれだけのことである。

つまり、BさんはAさんと同じ努力をせず、自分なりの努力の方法を見つけなければいけなかったのだ。

AさんとBさんの違いから分かるのは、人それぞれに「努力の仕方」があるということである。Aさん、Bさんそれぞれに合った「正しい努力」。自分の思うような成果を得たいのであれば、「正しい努力」をすることがまずは大前提といえるだろう。

「努力はいつか報われる」

そう言われたりもするが、この言葉には補足が入らないといけないと思う。みなさんもうお分かりだろうが、その補足とは「(正しい)努力はいつか報われる」である。間違った努力をいつまで続けていても報われることはないのだ。

そう考えると、私のように選手を指導する立場にある人間は、選手それぞれの性格、資質、力量などをしっかりと見抜き、その選手に合った指導、声がけをしていかなければならない。指導者たるもの、杓子定規な指導をしていては、選手に正しい努力をさせてあげることなどできないのである。

もっとも正しい努力をしていた選手は？

私の監督時代を振り返り、もっとも「正しい努力」をしていた選手といえばヤクルトスワローズの宮本慎也をおいて他にはいない。

宮本はＰＬ学園から同志社大学、社会人野球のプリンスホテルへと進み、１９９４年のドラフトを経てヤクルトに入団してきた。

ヤクルトが彼を指名したのは、その守備力を高く評価していたからである。だから入団後、彼の守備をこの目で実際に見て「守備は問題ないな」と思った。だが、バッティングに関してはまだプロのレベルではなかった。彼もそのことは十分に分かっているようだった。

宮本は「考える」ことのできる数少ないプレーヤーのひとりだった。彼はバッティングにおいて、どうしたらチームに貢献できるかを考えた。その結果導き出された答えが、彼のバッティングの代名詞ともなっている「右打ち」である。

ランナー一塁でのバント、二塁での右打ちによる進塁打。いずれも自分を犠牲にして、チームに貢献しようというスタンスだ。我欲を捨て、チームプレーに徹する宮本の生き様こそ、まさにプロフェッショナルと呼べるものだと思う。

なぜ宮本は、正しい努力ができたのか？

それは、彼が「正しい道」を探す術に長けていたからである。

彼は野球だけでなく、「人としての正しい道とは？」「親としての正しい道とは？」「今、この時に進むべき正しい道とは？」など、自分自身にいろんな「正しい道は何か？」を常に問い続けていたのだろう。

野球だけ、仕事だけ、あるいは勉強だけといった具合に、ある限られた分野でだけ正しい道を選ぼうとしても、物事はそんなに都合よく運ばない。自分の人生を俯瞰的に捉え、あらゆる物事の最善を常に考えていく。そういった普段からの心掛けが、人生で正しい選択をする上で生かされるのだ。

宮本のように「正しい道」を選択していくためには、「感じる力」も必要である。人は感じるから考え、そこから導き出された答えによって行動を起こす。結果を残す人は、この「感じる力」、感性といってもいいだろうが、その力があるから正しい努力ができるのだ。

努力なし、才能だけで偉業を成し遂げた伝説の選手

プロ野球の世界では、シーズンオフが近くなってくると各球団から「戦力外」や「自由契約」が、その対象となる選手に通告される。昔は高校卒業でのプロ入り選手は、芽が出ずとも最低4～5年は球団で様子を見ていたものだが、近年では2～3年目で「戦力外」を言い渡されることも珍しくない。私が言うまでもなく、弱肉強食のプロ野球の世界は厳しく、そこで生き残っていけるのはほんの一握りの選手たちだけである。

プロの世界で生き残っていくには、才能だけでもダメだし、努力だけでもダメ

だ。才能と努力がうまく噛み合って初めて、その選手の実力は開花する。

しかし、時に「才能×努力＝成功」の方程式がまったく当てはまらない選手も出てきたりする。私の野球人生の中で真っ先に思い浮かぶのは、南海ホークス時代のチームメイトだった広瀬叔功である。

広瀬をご存じない方のために、彼のすごさを簡単にご説明しよう。彼は１９６１年から65年にかけて５年連続で盗塁王を獲得し、64年には打率３割６分６厘で首位打者も獲得、さらに31連続盗塁成功も記録している。打ってよし、走ってよし、守ってよし、さらに人柄もいいからチーム内でも人気者。何をやらせても周囲が期待している以上の結果を出す、三拍子も四拍子も揃った選手だった。

広瀬は、私が一軍に定着したプロ入り３年目（１９５６年）にホークスに入団してきた。以来、私がホークスを去る１９７７年まで彼とはチームメイトとして一緒にプレーをしたが、10年以上におよぶ長い付き合いの中で、彼が「努力」と呼ばれる類いの練習をしているのを私は一度も見たことがない。

「そうはいっても、陰で努力していたんじゃないですか？」

「努力をしない天才」の話になると、そんなふうに思う方もいらっしゃるかもしれないが、広瀬に関してはそれだけはない。キャンプ中も彼が体を動かしているのは全体練習の時だけで、自主トレはもちろん素振りひとつしなかった。日々、周囲を観察していた私が言うのだから間違いない。彼こそ「才能だけで一流になった選手」である。

私は不器用で才能も何もない、ないない尽くしの人間だった。だから、広瀬のように才能だけでやっている選手は非常にうらやましくもあったが、彼のずば抜けた身体能力をまざまざと見せつけられると、逆に「すべてが違いすぎる」と我に返り、せっせと素振りに励んだものだ。

広瀬が私と同等の努力をしたら、一体どれほどの選手になっていたのだろう?

そんな夢想に耽ったこともあるが、彼のような生き方をしたところで、私たちのような一般庶民は一流になることはできないので、くれぐれもお間違いのないようにしていただきたい。

運とツキには理がある

私がプロ野球界で生き残ってくることができたのは、日々の弛まぬ努力の賜物だとは思うが、決して自分のがんばりだけでここまでこられたとは思っていない。振り返れば、私は運にも恵まれていたように思う。そもそも、南海ホークスに入団テストを受けて合格できたのも運がよかった。

その後、プロ入り1～2年目はいつクビになってもおかしくない存在だったが、努力と執念によって何とか首の皮一枚のところで持ちこたえていた。

1年目の終わり、球団から私は「とてもプロ野球の世界では生きていけないからあきらめろ」と言われた。でも私には一軍で活躍し、母を楽にするという使命があった。たった1年でプロ野球をあきらめるわけにはいかない。

「辞めなければならないのなら、南海電鉄の電車に飛び込んで死にます!」

私が本気でそう訴えかけると、球団の担当者も私の勢いに押され「分かった。もう1年だけ面倒を見てやる」と折れてくれた。

2年目はずっと二軍暮らしだった。だがこの時の二軍監督が、私のことをとても気にかけてくれる人だった（これも運である）。シーズン途中、監督は「野村、お前はバッティングはいいけどキャッチャーとしてはイマイチだ。ファーストをやってみろ」と言ってきた。監督の意向に逆らうわけにもいかず、私はファーストをやりながら二軍生活を続けた。

この頃、キャッチボールをしている時に先輩から「野村、お前の投げるボールは回転が悪い。それではキャッチャーとしてもいい送球ができないだろう」と言われた。そんなことにまったく気づいていなかったので、まさに衝撃的な助言だった。私は肩も大して強くなかった。それなのにボールの回転まで悪かったら、盗塁を刺すためにいい送球などできるわけがない。以降、私はファーストの守備を続けながら、ひとり黙々と「いい回転のボール」が投げられるよう、スローイングの練習に没頭した。もしこの時、私がキャッチャーのポジションのままだったら、ここまで集中的にスローイングの練習はできなかったはずだ。

努力の甲斐あって、シーズン後半になると私は回転のいい、伸びのあるボールを投げられるようになった。そこで私は監督に「キャッチャーに戻してください」とお願いしたのだが、監督も私の送球が見違えるようによくなったのを見て、その申し出を了承してくれた。

2年目のシーズン後半に技量を伸ばしたのが奏功したのだろう。二軍監督の推薦によって、私は3年目のキャンプにおいて一軍帯同が許される。そして、そのキャンプでも私は運に恵まれることになる。

準備がなければチャンスをものにできない

プロ入り2年目、私は一軍ではプレーしていなかったものの、ホークスはリーグ優勝を果たした。

そのご褒美ということで春先のキャンプは国内ではなく、ハワイで行われることになった。プロ入り3年目の一軍キャンプ。ここで私は運の流れに乗り、一軍定着の切符を手に入れた。

二軍監督の推薦によって一軍キャンプに帯同。言葉だけなら聞こえはいいが、当時は今のようにマネージャーや用具係など、スタッフがしっかり揃っている状況ではなかった。私のように二軍上がりの若手は練習をしつつ、多種多様な雑用もこなさなければならない。

レギュラークラスの先輩たちは練習後、なかば観光気分でみな夜の街に繰り出していった。でも日中、満足に練習もできていない私にとっては、そこからが本当の練習時間だった。用具の手入れなどが済んだ後は、そのまま黙々と自主練習に励んだ。

キャンプも後半になると、実戦（オープン戦）が多く行われるようになった。相手は地元ハワイのチームである。

一軍キャンプのオープン戦ということで、私にはなかなか出番が回ってこなかった。ところがある日、レギュラーのキャッチャーだった松井淳さんが肩を痛め、試合に出られなくなった。

一軍には私の他にもうひとり、2番手のキャッチャーがいた。私は3番手のキャッチャーなので出番はないと思っていたら、その2番手キャッチャーが試合前のベンチで鶴岡監督から怒られている。何事かと思ったら、二日酔いでグラウンドに来たことを叱責されていたのだった。連夜観光気分のレギュラークラスに交じり、きっと飲みすぎてしまったのだろう。

怒りの収まらない親分は、私を見るなり「野村、今日はお前が先発だ」と言った。私にとっては思いがけない初スタメンだった。

ハワイのチームはさほど強くはなく、しかもその日の相手ピッチャーは私の好きなタイプだった。その試合で私はヒットを量産し、次の試合でもスタメンマスクを被ることができた。そしてそこでも好成績を収め、以降のオープン戦はほとんどスタメンで出場することができた。

帰国後、鶴岡監督は記者からの質問を受け、「ハワイでのキャンプは選手たちがみんな観光気分で大失敗だった」と愚痴をこぼした。そしてその後「ただひとつ、収穫があった。それはキャッチャーの野村に使える目途が立ったことだ」と述べた。

めったに人をほめない親分のこの一言に私は歓喜した。うれしさのあまり、そのコメントが載った翌日のスポーツ新聞をすべて購入したほどだ。

このハワイでの活躍があり、私はその年めでたく開幕一軍入りを果たした。考えてみれば、二軍監督と巡り合えたのも運、一軍キャンプに帯同できたのも運、そこで試合に出場して活躍できたのも運である。運によって巡ってきたチャンスを、私は逃さずものにした。偉そうなことは言えないが、私がチャンスをものにできたのは、日頃の努力、準備があったからだと思う。「運よ来い、運よ来い」と願っているだけではダメなのだ。

流れをつかむツボ

数少ない運をものにして一軍入りを果たした私のように、チャンスを逃さないためには「流れ」を的確につかむことが肝心である。

そもそも、この流れとは何なのか？

「ピンチの裏にチャンスあり」と世間ではよく言われるが、確かに野球でも劣勢を何とかしのいだチームが自分たちの攻撃で見事逆転を果たす、というようなシーンをよく目にする。

私も長年、野球というスポーツに携わっているが、試合の中に流れは確かに存在する。そして、チームの中に流れを感じることのできるメンバーが多ければ多いほど、そのチームは強い。

流れが悪くなっているのに、ただ同じことを繰り返しているだけでは状況は悪化する一方となる。逆に「流れが悪くなっている」と気づけば、その流れを変えるべくやり方をちょっと変えたり、一拍間を置いたりといろんな対応ができるようになる。

流れが目に見えればこれほど楽なことはないのだが、流れは感じることができても目には見えない。だからこそ、流れを感じる「感性」が必要になってくる。

流れを私なりに定義すると、「勢い」もしくは「雰囲気」ということになるだろうか。自チームの勢いや雰囲気を感じるだけでなく、相手チームの流れも感じることができれば、試合全体に流れがあることにも気づけるだろう。

私は高校野球が大好きで、今でもどこかの高校で監督をやってみたいと思っているくらいだが、春と夏は暇さえあれば甲子園のテレビ中継を見ている。この高校野球を見ていても、私は野球に流れがあることを痛感する。高校野球では終盤の逆転劇がおなじみだし、大量得点で勝っているチームが最終回にまさかの大逆転をされ、負けてしまう試合も決して珍しくはない。

甲子園を見ていると両チームの流れ、試合の流れ、さらには球場全体にも流れがあることに気づく。「甲子園には魔物が棲む」と言われたりするが、あの魔物こそ、両チームと何万人もの観客がひとつの空間に生み出した流れなのだ。

流れはたった一球で変わることもあれば、1イニング、2イニングかけて変わる流れもある。野球の試合の中に多く見られる流れ。この流れをつかんだほうが試合を優位に進められて勝者となる。

野球は「間」の多いスポーツで、この間を使って考え、次の準備をする。野球ほど気配り、目配りが必要とされるスポーツはない。考えることができる人、気配り、目配りができる人は感性が優れているので、自然と流れを感じる力も磨かれていく。

逆に周囲のことを何も考えず、自分の感情の赴くままに笑ったり、怒ったりを試合中に繰り返しているような選手は、流れがまったく読めないタイプが多い。

流れをつかみ、巡ってきたチャンスをものにしたいのであれば、まずは気配り、目配りができるようになるといいと思う。何事も小さなことの積み重ねが大事なのである。

生き残った人が一流と呼ばれるようになる

現役時代、監督時代を問わず、プロ野球に携わっていた期間に「スランプだ」と口にしている選手を何人も見かけたが、いずれの選手も私からすれば二流の選手だった。

一流の選手は、自分が不調になったとしても「スランプです」などとは絶対に言わない。一流の選手というのは不調に陥った時、「なぜ自分が今この状態にあるのか？」を客観的に分かっている。その対処がすぐに済む時もあれば、ある程度の時間を要する時もあるだろう。だが、原因が分かっているから結果が出なくても落ち込まないし、八つ当たりすることもない。だから監督になってから「スランプだ」と言っている選手がいたら、私は「それはスランプじゃなくてただの〝下手くそ〟だ」と返していた。

では、一流と二流の違いは何なのか？

その差は一体どこから生じているのだろうか？

私の経験からいえば、一流の選手は自分自身を常に客観視して冷静に見ているから、調子のいい時も悪い時も「自分は今こういう状態にある」ということが分かっている。

しかし、二流の選手は自分を客観的に見ることができない。主観でしか物事の判断ができず、調子のいい時の自分が「本来の自分」だと思っているから、調子が悪くなった途端に「どうしてだ？」「スランプだ！」と慌てふためくことになるのだ。

一流の選手は「調子の悪い時の自分」が「本来の自分」であることを知っている。調子の悪さを克服したとしても、新たな壁がまたすぐ目の前に現れることが分かっている。だからどんなに調子が悪くなっても慌てふためくことがない。「この壁を越えるにはどうしたらよいのか？」が分かっているから、すぐに対処することもできる。

一流の選手は生まれた時から一流だったわけでは決してない。つまり、一流の選手は一流だったから生き残れたのではなく、結果として生き残れたから一流と呼ばれるようになったのだ。その点を勘違いしてはいけないだろう。

イチローの「小事が大事を生む」実践

日米通算4367安打を放ち、2019年に惜しまれつつ45歳で引退したイチロー。彼とはヤクルトで監督をしていた1995年に日本シリーズで対戦した。そのシーズンのイチローは首位打者、打点王、盗塁王、最多安打、最高出塁率の打者五冠を達成しており、まさに天下無双の状態。日本シリーズ前、スコアラーにイチローを精査してもらったが、私への報告は「弱点がまったくありません」というものだった。

そうなると、もう心理戦でイチローを揺さぶるしかない。私はマスコミのインタビューを受ける度に「イチローはインコースに弱点がある」と言い続けた。

「これで少しでもイチローがインコースを意識してくれればいい……」

私はそんな一縷の望みに賭けたのである。

すると、まだ21歳と若かったイチローは、見事にこちらの策にはまってくれた。イチローはインコースを意識するあまり、バッティングにおいてもっとも大切な「壁」を崩していた。キャッチャーの古田敦也は、インコースを意識させつつアウトコース中心の組み立てをし、シリーズ通算19打数5安打、打率2割6分3厘(ちなみにシーズン中の打率は3割4分2厘だった)とイチローを封じることに成功。ヤクルトは4勝1敗で日本シリーズを制したのである。

後に聞いた話では、イチローはバッティングのポイントを「左肩」にあるとインタビューで語っていたという。左バッターの左肩が早い段階で投手方向に向いてしまうのは、体が開いている証拠である。だからできるだけ左肩が投手方向に向かないように我慢する。これは私の言うバッティングの際の「壁」と同義だ。

イチローが語っていたことで感銘を受けた話がもうひとつある。それは200

4年、シアトルマリナーズでメジャー最多安打、262本の新記録を樹立した際に「頂点に立つということは、小さなことの積み重ねだ」と語っていたことだ。イチローは紛うことなき天才である。私の時代には長嶋茂雄という天才がいたが、私はイチローも長嶋と同じタイプの天才だと思っていた。

だが、イチローは私の好きな言葉である「小事が大事を生む」を実践していた。プロ野球第2位の私の本塁打記録(657本)は、決してホームランを狙って打っていたわけでも、600本を目指して打っていたわけでもない。チームの勝利を目指して打席を重ねているうちに、気づいたら657本という数字になっていただけだ。

私が監督をしていた時、選手たちによく「大きな目標だけでなく、中くらいの目標と小さい目標、3つの目標を持つといい」と話して聞かせた。

「日本一を目指します!」と言うと聞こえはいいが、あまりにも漠然としているため何をしたらいいのか具体的なことが分からない。だから、「打率3割」と中くらいの目標も掲げ、さらに「では3割に到達するためには何が必要なのか?」

を考えて「月間○安打」「週間○安打」というような小さな目標も立て、それを達成すべく練習メニューなどを考えていくようにすればいいのだ。

根拠なき一球に結果はついてこない

私は昔から、「捕手は、守備における監督の分身である」と言い続けている。思慮深く、広い視野を持ち、常に沈着冷静。そんなタイプがキャッチャーには向いている。

また、優れたキャッチャーは3つの力を用いてピッチャーをリードし、チームを勝利に導く。その力とは「記憶力、推理力、判断力」の3つである。

そのバッターの特徴、過去の対戦結果、打撃傾向、そういったものをインプットしておく記憶力、そしてその記憶を駆使して「この打席、どうやったら抑えられるか」を推理し、配球を判断していく推理力と判断力。私も現役時代は、この

3つの力をフル活用して毎試合を戦っていた。

だから、私がピッチャーに要求する「一球」には必ず根拠があった。キャッチャーたるもの、「なぜ、あの球（球種、コース）を投げさせたのですか？」と問われれば、すぐにその理由が答えられなければならない。単なる思いつきで投げさせるような根拠のない一球に、よい結果などついてくるわけがないのだ。

私がなぜその球を投げさせたのか。その根拠を導き出すための素材（状況）はいくつかある。それをここでご説明しよう。

1　回数（イニング）
2　得点差
3　アウトカウント
4　打順
5　ボールカウント

この5つの状況を踏まえつつ、さらにそのバッターがどのようなタイプかも考察する。

A　長所・欠点
B　ヤマを張ってくるタイプか　or　コースを絞ってくるタイプか
C　高め打ちか　or　低め打ちか
D　引っ張ってくるか　or　流し打ってくるか
E　早打ちか　or　粘るタイプか
F　俊足か　or　鈍足か
G　バントヒットを狙ってくるか
H　好調か　or　不調か
I　性格は？

試合状況の5つに加え、バッターのタイプの考察を最低でもこの9項目はしていく必要がある。それができなければ一流のキャッチャーにはなれない。

これらをすべて考慮し、さらにその上でピッチャーの肉体的、心理的状態も加味しながら次に投げる「一球」を導き出していく。プロ野球のキャッチャーは、何気なくサインをポンポンと出しているように見えるかもしれないが、頭脳ではこれらのことを瞬時に考察しているのである。

いい女房役が好結果を引き出す

キャッチャーというポジションは「女房役」とよくたとえられる。試合の中でキャッチャーは細やかな心配りをしながらピッチャーをリードし、守備陣に指示を出さなければならない。いい家庭には、気配りのできるいい奥様がいる。そんなところからキャッチャーも「女房役」と呼ばれるようになったのだろう。

心配り、気配りといったものは、「細かいところに気づくようにしよう」と思ったからといって、誰でもすぐにできるような甘いものではない。

試合はもちろんだが試合の前後、さらには日常生活の中でも常にいろんなことに気づき、行動できるようにしていかなければ、試合中に細やかな心配りなどできるわけがない。いつもシワだらけのシャツを着ていたり、寝ぐせも気にならなかったりするような無神経なタイプにキャッチャーは務まらないのだ。

私がキャッチャーとしてマスクを被っている時、バッターにいろいろと話しかけていたことをマスコミは「ささやき戦術」とか「だまし戦術」と呼んだが、あれは少しでもピッチャーの手助けになればと思ってやっていたことである。

私が話しかけることによって、バッターの集中力を乱すことができれば打ち損じも期待できる。他球団の選手からは「うるさいキャッチャーだ」と思われていただろうが、それもこれもピッチャーを少しでも助けたいという思いから生まれた行動なのだ。

最近では「喝!の人」としてすっかりおなじみになった張本勲も、ささやき戦術ではいろいろと思い出のあるバッターだ。

私はバッターに「ストレートが続いたから、そろそろカーブが来ると思っとるやろ」とか「なんや、最近振れとらんのお」とかいろんなことを話しかけていたが、張本は私が話しかけると「うるさい！」と怒鳴ってよく打席を外していた。だが、彼も超のつく一流バッターである。私のささやき戦術はあまり奏功せず、彼にはよく打たれていた。

そんな折、あるパーティーで張本と会ったので会話をしていると「ボクはカッカと燃えたほうがいい結果が出るんですよ」と言う。以来、私は彼への攻め方を変えた。挑発するようなことはせず「相変わらずいい構えやなぁ」とか「日本一、いや大リーグに行ってもハリほどのバッターはいないよ」などとほめ殺しにしたのだ。すると彼はしばらくしてから「ノムさん、本当にやめてくれ。それではファイトが湧かずに打てんよ」と泣きつかれた。

相手が超一流であればあるほど、私もキャッチャーとして燃え上がったものだが、張本との対戦は私自身、いろいろ勉強させてもらったし、楽しい対戦だった。

野球にも通じる「5W1H」

まだ若手だった頃、ベテランの新聞記者から原稿を書く際の基本である「5W1H」の概念を聞いた。

ご存じの方もたくさんいらっしゃると思うが「5W1H」とは次のことである。

1 WHO 誰が
2 WHAT 何を
3 WHEN いつ
4 WHERE どこで
5 WHY なぜ
6 HOW どのように

確かに、新聞記事を読んでいると「5W1H」がしっかりと網羅されていることとに気づいた。「なるほどな」と感心すると同時に、「これは野球にも通じることだな」と直感した。

たとえば毎日の打撃に関して、ただ漠然と打席を振り返るのではなく、「5W1H」の基本に則って自分のバッティングを考察するのである。

簡単にいえばこんな感じだ。

1　誰の

2　どのボールを

3　いつ

4　どこで

5　なぜ打てたのか（打てなかったのか）

6　どうやってその結果に至ったのか

非常にシンプルなことだがその分、それが3打席、4打席と積み重なっていくと、なぜよかったのか、または悪かったのかという問題点がとても分かりやすく浮かび上がってくる。

これは野球に限らず、いろんな職種の人に使える細分法ではないかと思う。たとえば営業職にある人なら、

1　誰に
2　どの商品を
3　いつ
4　どこで
5　なぜ売れたのか（売れなかったのか）
6　どうやってその結果に至ったのか

このようにして、自分の営業成績を細分化して考えていくわけだ。「最近、仕事の業績が振るわないな」という状況にある方にも、ぜひお試しいただきたい方法である。

「三刀流」をやって学んだこと

今、海の向こうのメジャーリーグでは、大谷翔平がピッチャーとバッターという〝二刀流〟でがんばっている。

かくいう私も、かつて二刀流でがんばっていた時代があった。それは、選手兼任監督（プレイングマネージャー）という〝二刀流〟である。

近年では、ヤクルトスワローズの教え子である古田敦也や、中日ドラゴンズの谷繁元信などがプレイングマネージャーをしていたくらいであまりなじみがないが、私が現役だった時代（またその以前）はプレイングマネージャーは決して珍しい存在ではなかった。

だが、私のように8シーズン（1970年から77年まで）という長期に渡ってプレイングマネージャーを務めた例はあまりなく、しかも私の場合は四番でキャッチャーという重責のおまけつきである。今振り返ってみても、よくもまあ8年も務め上げたものだと我ながら感心する。

私がプレイングマネージャーとなったのは35歳の時だった。以降、8シーズンに渡ってチームの指揮をとり、4年目にはリーグ優勝を果たすことができた。しかし、優勝できたのはこの一度きり。ホークスでプレイングマネージャーを経験し、私が出した結論は「プレイングマネージャーとして、チームも個人もともに好成績を残すことは非常に難しい」ということである。

チームの成績を伸ばそうとすれば、どうしたって個人を犠牲にしなければならない。かといって逆に個人の成績を伸ばそうとすれば、チーム全体に目が行き渡らなくなり、チーム力を上げることができない。

私は当時四番を打つことが多かったため、私個人の練習時間が減るということはイコール、ホークスの得点力ダウンを意味した。先に私は元祖・二刀流と述べたが、今ボヤかせていただくとすれば、当時の私は監督・四番・キャッチャーの〝三刀流〟で毎日プレーしていた。今のプロ野球界にこんな離れ業のできる選手がいるだろうか?

また、8シーズンに渡ってプレーしたことで、私はプレイングマネージャーの最大の欠点に気づいた。それは「プレーヤーとしての自分を叱ってくれる人がいない」ということだ。

人はなかなか自分を客観視できない。「いや、私はいつも冷静に自分を見つめています」と言うような人であっても、本当に自分を客観視できているかといえば答えは〝否〟である。もちろんこの私も、プレイングマネージャーとして周囲と自分を俯瞰的な視点で見ていたつもりだが、それでも自分をちゃんと客観視できていたとは思えない。

結局、私はプレイングマネージャーとして満足のいく結果を残すことができなかった。今後、プロ野球界にプレイングマネージャーが現れるのかどうか、それは私にも分からない。だが、私のような凡人ではなく、しっかりと自分を客観視できるスーパー・プレイングマネージャーが現れないとも限らない。その時は、その人の戦いぶりをじっくり拝見させていただくつもりである。

プレッシャー克服の早道

勝負事だけに限らず、この社会で生きていると、人はいろんなプレッシャーに出くわす。そして、重圧のかかる場面に置かれれば、誰でも多少は緊張するものである。

よくあるのは「人前で話すのが苦手で、そういった場面になるととても緊張してしまう」というタイプ。そういう方々からたまに「私はすぐに緊張してしまう質なんですが、そうならないようにするには、どうしたらいいんですか?」と聞かれることがある。

私はプロ野球という勝負の世界で生きてきたため、重圧のかかる場面を幾度も経験してきた。中でも一番緊張したのは、プロ1年目の初打席である。緊張で足が震えて三球三振だったのだが、自分が打席で何をしたのかまったく覚えていない。ただ、人生で一番緊張したことだけははっきりと覚えている。

プレッシャーのかかる場面で緊張し、頭の中が真っ白になってしまえば、自分の実力を発揮するのは難しい。適度の緊張感というのは気を引き締める意味でも大切だと思うが、過度の緊張感はその人の思考も体の動きも固くしてしまう。

結果、私のプロ初打席は惨憺たるものになった。だが、その後もずっと緊張したままで打席に立っていたのかといえばそんなことはなく、何度も何度も経験を積むことで私はプロの重圧に慣れ、自分の実力を発揮できるようになっていった。

緊張しなくなるにはどうしたらいいのか?

その特効薬はないが、私がその問いに答えるとすれば「緊張する場面を数多く経験する」ことに尽きる。

プレッシャーのかかる場面に何度も出くわしていると、最初は10だった緊張が9になり、8になり、7になりと少しずつ減っていく。さらに「こうなったら思いっきりやるしかない」というい意味での開き直りも生まれる。私の場合、「誰よりも努力している」という自信が重圧を跳ねのけ、開き直るための自信となった。普段から努力も何もしていない人が、緊張感から解放されようと思ってもなかなかそうはいかない。やはり、どんなに小さなことでも毎日の積み重ねが大切だ。「緊張して失敗したり、恥をかいたりしたくないから」とプレッシャーのかかる場面から逃げてばかりいたら、いつまで経ってもプレッシャーに弱いままである。人生の道中、避けては通れぬ「勝負のかかった局面」というものが誰にでも訪れる。そういった大事な局面で自分の真の力を発揮するためにも、日頃からプレッシャーを体験していくことが重要なのだ。

長く続けるには執着心も必要

私は１９８０年に現役を引退したが、その時私は45歳。今でこそ40歳を超えても現役というのは珍しくないが、当時は非常に珍しい存在だった。

私が現役を45歳まで続けられたのは、ひとえに「プロ野球選手でい続ける」という執着心だった。

「キャッチャーなら俺が一番だ」

「バッティングでも若手に負けはしない」

そんな思いが、老いによって動きの鈍った私の体を突き動かしていた。厳しいプロの世界で生き残っていくためには、執着心は必要だと思う。

だが、今の若い選手たちを見ていると、その執着心があまり感じられない。近年の引退会見などでも「若い選手に道（席）を譲りたい」というような話をよく耳にするが、私にはきれいごとに聞こえる。今の人たちは豊かな時代に生きてきたからだろうか。貧しい時代を生き抜いてきた私たちの世代とは、どうも生き様が大きく異なるようである。

私は現役を続けることに執着し、球団側から「もういりません」と言われるまで現役を続けようと思っていた。

だから、同世代の豊田泰光や長嶋茂雄が30代で現役引退を発表した時には「まだまだ、できるだろう」と思った。本人たちは「やるだけやった」と思っていたのだろうが、私にはふたりは少なくともあと1～2年は現役を続けられるように見えた。私にとっての「やるだけやった」は限界を超えた後、どれだけやったかだと思っている。だからふたりとも、その限界を超える前に辞めてしまったように思えて仕方ないのだ。

私にも40歳の時に大きな壁が現れた。それは右ヒジの故障だった。右ヒジが痛くて満足にボールも投げられなくなってしまった。

「もはやここまでか」と思ったが、大リーグのピッチャーが腕立て伏せでヒジ痛を克服したという記事を新聞で見かけ「これだ」と思った。最初は痛みが激しくて2～3回しか腕立て伏せができなかったが、根気よく続けているとちょっとずつ回数が伸びていき、2カ月ほど続けたところなんとヒジ痛がなくなった。この時私は「俺は限界を超えた。50歳まで現役を続けてやる」と思った。すべては「プロ野球選手でいたい」という執着心だった。

第一章でご説明したが、私が引退を決意したのは「チームにこれ以上迷惑をかけたくない」という思いからだ。私の引き際を「それこそ、きれいごとじゃないか」と思う方もいるかもしれない。でもあの頃の私は、肉体的な限界をとうに超えていた。「プロ野球選手でいたい」という執着心だけでプレーしていたが、精神的にも限界を超え、ネガティブな思いも抱くようになっていた。私は「最低の野球選手」になる前に、そして「最低の人間」となり果てる前に現役を退こうと思った。それが私の現役引退の真相である。

監督にもっとも求められる資質とは？

日本には12のプロ野球球団が存在するが、各球団を見渡してみても、あるいは球界全体を見渡してみても「この人が監督になったら面白いのにな」という人物がいない。

現段階であえて挙げるとすれば、２０１９年シーズンを限りにヤクルトを退団した宮本慎也ということになるだろうか。彼は私の教え子でもあるし、私に似て言いたいことを言ってしまう処世術皆無の人間である。小川淳司監督の後を受けて監督をやるのかと思いきや、チーム低迷の責任を取って監督と一緒にヘッドコーチを辞めてしまった。こういったあたりにも、彼の真面目な性格、一途さ、頑固さが表れているように思う。いつの日か、彼が監督として再び球界に戻ってくることを期待したい。

話を元に戻そう。今の球界には、私が監督をやらせてみたいと思える人物がいない。私の考える「監督に求められる資質」を持った人がそもそもいないから、そういった人物が思い当たらなくても当然といえば当然である。

監督に求められる資質。それを端的に、一言で表すとするならば「野球が好き」ということに尽きる。誰よりも、何よりも野球が好き。この資質がなければプロ野球の監督は務まらないと思う。

昔も今も変わらず、私は日本で一番野球が好きな人間だと自負している。好きだから一日中野球のことばかり考えている。好きだから問題意識も芽生えてくるし、今の監督の采配を見ては注文をつけたくもなる。

私から野球を取ったら何も残らない。野村－野球＝0　現役時代も、監督をしていた時代も、野球評論家である今現在も野球が大好き。寝ても覚めても野球。それが私という人間なのだ。

そんな私であるので、現役から監督をしていた時代を通じて1日に3回、野球の試合をしていた。「1日に3試合」とは「想像野球」「実戦野球」「反省野球」の3試合である。

「想像野球」は試合前に「今日の試合はこういった組み立て、戦術で戦っていこう」と考えを巡らすこと。そして「実戦野球」で実際に試合をし、試合が終わった後は家に帰って「反省野球」をする。野球が好きで好きでたまらない私だから、こういった作業を毎日続けても苦に感じることはなく、野球に触れ合っている時間が楽しくて楽しくてしょうがなかった。

今、この時代、かつての私のように四六時中野球のことだけを考えられる、あるいは考えている監督はいないと思う。12球団の監督それぞれを観察してみても「勉強不足だな」と感じる人ばかりである。

私が言うまでもなく、プロ野球は日本球界のトップに君臨する集団である。野球少年から高校球児、さらには草野球を楽しんでいる大人まで、みんなが見て「さすがプロ野球は違う」「さすがプロ野球は面白い」と思わせる野球を見せる責務がプロ野球にはある。

ただでさえ、競技人口が減っていると言われている野球界である。プロ野球の監督をはじめ、この業界に携わる人たちには「どうしたら面白い野球が見せられるのか」、そのことを今一度深く考えてみてほしい。

生き残れない人間にもっとも足りないもの

聞くところによると、近年のプロ野球選手の現役10年生存率は50%前後で推移しているという。ふたりにひとりしか10年間生き残れない世界。私が現役だった頃も今も、プロ野球が厳しい世界であることは変わらないようである。

プロ野球界で生き残る人と、そうではない人との差は何なのか？

体力、技量の違いはもちろんあるだろう。でも私は体力、技量の劣っている点を誰よりも努力することで補い、弱点を克服し、第一線で生き残ってきた。つまり、体力、技量の差は埋められるということである。

では、生き残る人とそうでない人は一体何が違うのか？

それを一言で表すとするならば「性格」ということになると思う。心技体でいうところの「心」である。

心ある人は、物事を途中であきらめず、最後までやり遂げるタフなハートを持っている。さらに心ある行動を心掛けていれば、自然と周囲からの信頼、信用が集まり、組織にとって必要な人と目されるようにもなる。

私の好きな言葉に「信は万物の基を成す」というものがある。「信」とは信頼、信用のことで、「信」はすべての礎だということを意味している。

私が必要だと述べた「心」は「信」にも通じている。「信」は人材育成において欠かせないものといえよう。そしてその「信」を形作るものこそ「心」であり、純粋な人としての力量である。

「信」という信念を貫き、そこに確固たる結果がついてくれれば、人としての「格」が備わっていく。これは決して小手先のテクニックや処世術で身につくものではない。

プロ野球界で長く生き残った人、誰もが認める結果を残した人というのは「心」と「信」の両方を併せ持っている。

もしあなたが自分の所属する会社で、あるいは業界で結果を出し、生き残っていこうと思うのなら、ずる賢く表面だけ取りつくろったり、世渡り上手を目指したりしてはいけない。自分の足りないところを補う努力をし、結果を出し、自信をつける。その自信の「信」を積み重ねていくことで、その世界で生き残っていく本当の力が身につくのである。

第五章

生き残るための自己管理術

陰の努力と自己管理が選手生命を延ばす

千葉ロッテマリーンズの福浦和也が２０１９年を限りに現役を引退した。私は現役実働年数が26年だったが、彼は28年だという。長くプロ野球の世界で活躍した彼にはまず「お疲れさま」と言いたい。

私や福浦の話を持ち出すまでもなく、長く現役生活を続けようと思ったら徹底した自己管理が必要である。

私が長く現役を続けられた理由を挙げるとすれば、自己管理の中でも「自主練習」に何よりも力を入れていたところだろう。

自分で言うのも何だが、私は日本一素振りをした選手だと自負している。プロ野球の世界に足を踏み入れ、自分の実力のなさを痛感した私はとにかくバットを振って振って振りまくった。

南海ホークスに入団後、初めて迎えたキャンプ。右も左も分からない私は、夕食を食べた後も合宿所の庭でバットを振りまくった。キャンプが始まった当初は、私以外にも中堅クラスの選手たちがみんな庭で素振りをしていた。ところがキャンプも中盤以降になってくると、みんな疲れがたまってきたためか素振りをする人数も減りはじめ、終盤になると庭で素振りをする人間は私ひとりとなった。

いつまで経っても私がひとりでひたすらに素振りをしているものだから、先輩たちは「野村な、素振りして一流になれるなら、みんな素振りをしとるわい。そんな素振りばかりせんと、着替えてこい。お姉ちゃんのいる店に一緒に行こう」とよくからかってきたものだ。

あれはプロ入り1年目の中頃だったと思うが、二軍の監督が選手たちを集めて各自の手のマメをチェックしたことがあった。そこで私の両手を見た監督は「ほう、野村はいいマメを作っとる。みんな野村の手を見てみろ。これがプロの手や」とみんなの前で私をほめてくれた。

私は毎日の素振りに200本、300本などとノルマを課すようなことはしなかった。バットを振ると「ブン」と音がするのだが、本当にバットが振れている時は「ブッ」という振幅の短い、切れのある音がする。これはバットのヘッドスピードが最高に達した瞬間が、インパクトのポイントにしっかり重ならないと出ない音である。そのことに気づいてから、私はこの「ブッ」という音を求めて、時間も忘れて毎日バットを振り続けた。

そもそも自主練習というものは、誰も見ていないところでひっそりと行うものである。私は寮で晩御飯を食べた後、静まり返った庭でひとりバットを振った。1年中、夜はバットを振る生活を続けていたため、素振りをしないと「何かやり残したことがある」と気になって眠れない体質になってしまった。私にとって素振りは睡眠薬のようなものだった。

私の知り得る限り、天才肌の選手はあまり練習しない選手が多かった。だが、ONと呼ばれた読売ジャイアンツの王貞治と長嶋茂雄のふたりは、よく練習していたことで知られている。

1973年に、ジャイアンツからトレードでホークスに移籍してきた相羽欣厚という選手がいた。彼に聞くと「ONのふたりの練習量はすごい。誰もついていけません」と言っていた。そのプレーで日本中を魅了していたふたりは、ジャイアンツの中で誰よりも練習していたというわけだ。当時のジャイアンツがV9という偉業を達成できたのは、そんなふたりが中心にいたからだろう。

素振りは私にとっての睡眠薬だったが、陰の努力はその世界で生き残っていくための良薬となることは間違いない。最初は大層なメニューを組む必要はないと思う。ちょっとした努力でいいので、長く続けられるメニューを生活の中に組み入れていくことが大切なのだ。

自己管理がしっかりしている選手はケガにも強い

阪神タイガースの前監督だった金本知憲は、みなさんご存じのように現役時代、1492連続試合フルイニング出場と、13686連続イニング出場というふたつの世界記録を作った鉄人である。

金本は、他の選手であれば確実に休んだであろうケガを負っても試合に出場した。デッドボールで左手首を骨折したのにもかかわらず、翌日の試合では右手一本でヒットを2本打つなど、まさに人間離れした体力、気力の持ち主だった。

金本が阪神にいた時代、チーム内には全試合出場を目指す選手が増えたという。だがそれは、金本が広島から阪神にトレードで移籍してくるまでは、ちょっとしたケガで休んでいた選手が多かったという事実の裏返しでもある。

私も現役時代は四番でキャッチャーという重責を担っていたため、「ちょっとやそっとのケガでは休めない」という環境にあった。

私が試合を休まなかったのは、チームの士気に悪影響を及ぼしてはならないという責任感もあるが、それ以上に「休んだらレギュラーを奪われる」という恐怖心があったからだ。

テスト生上がりの私は、どれだけ自分がチームの中心選手になろうとも、心の片隅に「気を抜けばレギュラーを奪われる」という切迫した思いがあった。チームの中にはレギュラークラスのピッチャーも内野手も外野手もたくさんいるが、キャッチャーのレギュラーはひとりだけである。

「このひとつの席を奪われるわけにはいかない」

現役時代の私は常にそう考えていた。

もともと、キャッチャーは9つあるポジションの中でももっとも生傷の絶えないポジションである。ファウルチップが体に当たるのは当たり前だから、1年中体は青あざだらけ。一度ファウルチップの当たりが喉を直撃したことがあったのだが（当時のマスクは今のように喉の部分を保護してくれるガードはなかった）、呼吸ができなくなって死ぬかと思った。もちろん、その後も私は試合に出続けた。

今は「コリジョンルール」なるものができ、キャッチャーがホームを狙うランナーの走路をブロックすることは許されなくなったため、過激な接触プレーは減ったが、それ以前は「死んでもホームを守れ」がキャッチャーの掟だった。私は体がそれほど大きなほうではなかったから、体の大きな外人選手がホームに突っ込んでくる時はいつも命懸けだった。

ある時は足にスパイクの歯を向けられ、足首のあたりを9針縫うケガを負ったこともあった。だが、私が試合を休むことはなかった。きっと、現役時代の金本も私と同じ気持ちだったに違いない。

ベテランがケガを押してまで試合に出ることによって、逆にチームに迷惑がかかることもあるかもしれないから、私も「何が何でも試合に出ろ」とは言わない。無理をしたことによって、自らの選手寿命を縮めてしまう可能性もある。そうなっては本末転倒である。

しかし、今の選手たちはあまりにもケガに弱すぎやしないか？ プロたるもの、ファンにその姿を見せてナンボなのだから、「プロ野球選手としての気概」をもう少し見せてほしい。

デッドボールなどの不可抗力でケガをして休むのならともかく、故障と呼ばれる類いのことで欠場するのは「準備が足りないからだ」と言われてもしょうがない。準備不足の故障によって試合を休むということは、「私はプロとしての自覚が足りない選手です」と宣言しているようなものでとても恥ずかしいことである。

だからそうならないように、プロは普段から節制に努め、健康管理や体のケアに細心の注意を払わなければならないのだ。

食事は〝肉〟をたくさん摂る

「体が資本」とはよく聞く言葉である。とくにプロとして活動しているアスリートは日々の体調管理、食事、睡眠に気を配る必要がある。私も体調管理には人一倍気をつけていたが、中でも食事にはこだわっていた。

私が南海ホークスに入団した1950年代の日本は、社会全体が貧しい時代にあり、各球団が用意する食事も本当に貧相なものだった。

寮などで出される食事もご飯、みそ汁は食べ放題なのだが、おかずが漬物だけというありさま。こんな偏った食事では、とてもではないが体が持たない。

だから私は一軍に上がってからは、球団の用意した食事は一切食べず、試合後の夕食はすべて外食で通した（この生活は現役時代ずっと続いた）。

外食で私が食べていたものは「肉」である。私は体はさほど大きくなかったが、食べる量はチームで一番だった。あまりにも食べるものだからマスコミからも「大飯食らいのノムラ」とあだ名をつけられ、球場でも観客から「大飯食らいのノ、ム、ラ！」とよく野次られたものだ。

貧しい母子家庭に育った私は、少年時代に満足のいく食事を味わったことがなかった。牛肉を食べられるのは1年に一度、正月くらいのものだった。その反動もきっとあったと思うが、一軍に定着してからは毎晩肉を食べまくった。

当時の私は「肉はパワーの源である」と信じていた。肉を食べないと、ホームランも打てなくなってしまうと本気で考えていた。だから、和食だけで終わった翌日の試合で調子が悪かったりすると「前日の夕飯で肉を食べなかったからだ」と思い、その日はいつもより肉をたくさん食べたりもした。

焼肉、ステーキ、すき焼きなどメニューを変えつつもほぼ毎日肉三昧。しかも、肉を食べた後に「よし、デザートを食べに行くぞ」と寿司屋に寄るのも定番のコースだった。これほど食べても太ることはなかったから（もともと、ずんぐりむっくりの体型ではあったが）、毎日の練習、試合でそれだけのカロリーを消費していたということなのだろう。

今でこそ食べる量は現役の頃と比べてもちろん減ったが、まだまだ食欲だけは旺盛である。肉も寿司も相変わらず食べたい時に食べている。やはりいくつになっても「体が資本」は変わらないのだ。

唯一の健康法は睡眠時間10時間

世の中には1日2～3時間程度しか寝ない（眠れない）「ショートスリーパー」と呼ばれる人たちがいると聞くが、私はその正反対。現役時代も今も変わらず、とにかくよく眠る「ロングスリーパー」である。

私は現役時代から「これだけは続けている」というような健康法はない。あえていえば「1日10時間は眠る」ということくらい。80歳を超えてなお、こうして元気でいられるのは、毎日しっかりと睡眠を取っているからかもしれない。

先ほど私がいかに大食漢だったかをご説明したが、「よく食べ、よく眠る」は私の健康を保つ礎だったのだろう。

もちろん、大一番の前などは前夜にデータの整理や配球の組み立てを考えたりするため、10時間の睡眠を取れないこともあった。でもそうなると、翌朝起きた時に疲れが取れていないことを実感した。どんな入念なマッサージより、私には眠ることが何よりの疲労回復だったのだ。

シーズン中の平均的な1日のスケジュールはこんな具合だ。ナイターで試合をした後、外食を経て帰宅し、自主トレ、翌日のプランを練るなどして床に就くのはだいたい夜中の2時、3時。そして起床は翌日の昼12時~1時くらいだから、きっちり10時間は寝ていた。

歳を取ると眠れなくなる、などと言うが私に至ってはそんなことはなく、今でも10時間しっかり寝ている。現役、監督時代の流れが今でも続いており、寝るのは夜中、起きるのは昼という生活である。

睡眠の他、あえてよかったことといえば、私は現役時代、アルコールの類いは一切飲めなかった。

プロ野球の世界に身を置きながら、私は「酒」でダメになっていく選手をたくさん見てきた。

「酒さえなければ、きっと大記録を打ち立てることもできただろうに……」

そんなふうに思わせる選手が、結構いたものだ。

お酒が飲めなかったからか、私はケガや故障でチームを長期離脱するようなこともなかった。38歳の時に一度、肉離れを起こしたが大きな故障といえばこれくらいのものだった。45歳までプロの世界で、キャッチャーというハードワークをこなすことができた。これは、今でも私の誇りである。

「無事是名馬」

これは、プロのアスリートにも共通する言葉なのだ。

一流は道具にもこだわる

世に「職人」と呼ばれる職業はたくさんあるが、職人さんたちは道具にもこだわる。大工さんはカンナやのこぎりにこだわるだろうし、すし職人なら包丁、木彫りの職人ならノミといった具合に使う道具にはこだわりを持っていると思う。一流の職人であればあるほど、道具へのこだわりは相当なものだろうし、道具の手入れもしっかり行っていると思う。

プロ野球選手にとっては、バットやグローブが「大切な道具」といえる。道具の良し悪しは、その人のパフォーマンスにも多大な影響を及ぼす。私の知り得る限り、プロ野球界で一流と呼ばれる人たちはみな、自分の道具にこだわっていた。もちろん私もバットやキャッチャーミット、とりわけバットには相当なこだわりを持っていた。

私は、タイカップ型といわれる普通よりもだいぶ太いタイプのバットを使っていた。グリップエンドも太く、重量が1キロ近くあった。

普通の細いバットは重心がバットの先のほうにあるが、私の使っていた太いバットは重心がグリップに近く、私にとってはとても扱いやすかった。

そもそも、この太いタイプのバットに出会ったのは、プロ入り間もない頃のロッカールームだった。折れたり古くなったりしたバットを捨てるカゴが部屋の片隅にあったのだが、そこにその太いタイプのバットがあった。私はプロになったばかりで安月給。バットを頻繁に買うお金などなく、折を見てそのカゴを覗いてみては、使えそうなものをありがたく頂戴していた。

その日出会った太いバットは、手にしてみたところ古くなっているだけで、折れたり傷がついたりはしていない。握ってみて「太いな」とは感じたが、軽く振ってみるととても感じがよかった。早速翌日、バッティング練習で使ってみると、ライナー性のいい打球が次々に飛ぶ。以来、私はタイカップ型のバットを使うようになった。

当時、オールスターで顔を合わせた王貞治に「ノムさんのバットを見せてください」と言われて見せたところ「こんな太いバットを使ってるんですか!?」と驚かれたことがある。それほどまでに、私のバットは当時の球界では珍しいタイプだった。

ホークスの一軍でレギュラーとなってから、私はシーズン前にアメリカ・ルイスビル社製のバットを7ダース（84本）まとめて購入していた。タイプはもちろんタイカップ型でサイズは長さ34インチ（86・36センチ）、重さ35オンス（992・2グラム）だった。

バットが届くと私は84本のバットを1本、1本、手に取って確認した。木目が整っているかどうかを見ながら、バットを握った感触、バランスなどを確かめていく。最後はバットを軽く手で叩き、その音を聞いて乾燥度合いや内部に節がないかどうかを確認した。叩いた時に軽い「コーン」という音が響けば、乾燥度合いもちょうどよく、バットの弾きがいい証拠である。逆にしっかり乾燥しておらず、内部に節のあるようなバットは「ボーン」と濁った音がした。

そうやってバットを選別していくと、使えるバットは84本中10本ちょっと。その10本程度のバットを試合用とし、残りのまずまず使えそうなものを練習用に、その他のバットはファームの選手にプレゼントしていた。

約10本の試合用バットは、私にとっての宝であり、武器だった。侍にとっての刀みたいなものである。試合が終われば牛骨でバットの表面を磨き、弾きのよさを保つようにしていた。だからそのバットが折れてしまった時は、本当に悲しかったものだ。

みなさんにとっての「生きるための道具」「戦う武器」は何だろうか?

仕事で使う道具を、ないがしろに扱ってはいないだろうか?

道具を扱う姿勢を見れば、その人の人間性、考え方などが一目瞭然である。一流と呼ばれる人たちはとても道具にこだわり、なおかつ大切に扱う。それを忘れないでほしい。

だらしのない選手は本当のプロではない

普段の生活から自分を律し、心身の健全を保つのはプロなら当たり前の行動だと思うが、意外にそれができているプロ野球選手は少ない。

プロ野球選手である以上、子供たちの見本にもならなければいけないわけだから、グラウンドでの立ち振る舞いだけでなく、身だしなみにも気を配るべきだと私は考えている。

私が監督を務めていた時は、チームの選手に「長髪、茶髪、ヒゲ」の禁止令を出した。

「ヒゲや髪型で目立とうとするのではなく、野球のプレーで目立て！」

私は口を酸っぱくして、各球団の選手たちに言い続けた。

私が楽天で監督をしていた頃は、ロッテの選手たちの身だしなみがとてもひどく、試合で対戦する度に「どうにかならんものか」と思っていた。

当時のロッテは長髪、茶髪、ヒゲは当たり前。試合前の練習ではユニフォームを着用せず、短パン姿でノックを受けている選手もいた。

憧れの選手が短パンでノックを受けている姿を見た野球少年が「ボクも短パンで練習したい」と思ってしまったらどうするのか？　当時のロッテの選手たちは、きっとそんなところまで考えが及んでいなかったのだろう。「練習がどうあれ、試合で勝てばいい」という考え方が蔓延しているようだった。

プロ野球では試合の直前、両チームがシートノックを行う。このノックは何のためにやっているのか？　選手の技量を上げるため？　グラウンドに慣れるため？　私の思う答えはいずれも「否」である。試合前のわずかな時間のノックで技量が上がるわけはないし、シーズンを通じて各球団のグラウンドで選手たちは戦っているのだから「慣らしノック」を行う必要もない。だったら、なぜノックを行うのか？　私の思うその理由。それは、球場に足を運んでくれた観客に対する「ファンサービス」である。

飛んできた打球を華麗にさばき、瞬時に矢のような送球を投げる。試合前のシートノックはプロにしかできない「技」を観客に披露する場なのだ。

つまり、プロ野球は試合が始まる前から「プロとしての仕事」がすでに始まっている。ファンあってのプロ野球なのだから、どんな時も「ファンのため」を思って行動しなければならない。試合前だからといって、だらしない格好をしたり、しまりのないプレーをしたりしていてはダメなのだ。

かつて、私はミーティングで選手たちに「甲子園で行われる高校野球が、どうしてあれほど人気なのか分かるか?」と事あるごとに問いかけていた。

プロに比べれば、高校野球のレベルはあらゆる面で明らかに劣る。しかし、大きな甲子園球場を満員にし、日本中の野球ファンを熱狂させる魅力が高校野球にはある。「それが何だか分かるか?」と私は選手たちに問うたのだ。

高校野球が私たちを惹きつけて止まないのは、負けたら終わりのトーナメントの中で、球児たちが「一生懸命」であるからだ。一球一球に全身全霊を込め、ひたむきに白球を追う球児たちの姿を見て、私たちは感動を覚えるのだ。

プロ野球選手たるもの、高校球児たち以上に一生懸命プレーし、レベルの高い戦いを見せてファンを喜ばせなければならない。そのためにも、試合中だけでなく、試合前、試合後、さらには普段の生活態度といったものも含め、プロ野球選手は誰が見ても恥ずかしくない行動をしていかなければならないし、その責任があるのである。

酷使されても生き残った最強ピッチャー

最近のプロ野球を見ていると、かつてはたくさんいた〝強い〟ピッチャーが実に少なくなってしまったと感じる。ローテーションはきっちりと守られ、登板数も管理されている。「肩は消耗品」として、最近ではアマチュア野球などでも「球数制限」がよく議論されているが、無菌室のような環境で育てられたピッチャーばかりでは、〝強い〟ピッチャーの誕生など望むべくもない。

私が現役だった頃のプロ野球は今と違い、優秀なピッチャーであればあるほど酷使された。「権藤、権藤、雨、権藤」で知られる権藤博や、ホークスでチームメイトだった杉浦忠などはその最たる存在である。

杉浦は私と同い年であり、立教大出身の彼は長嶋茂雄、本屋敷錦吾などとともに〝立教三羽ガラス〟と呼ばれ、鳴り物入りで南海ホークスに入団してきた。

彼がホークスに入団してきたのは、私が初のパ・リーグホームラン王を記録した翌年の1958年のこと。華麗なサイドスローから投じられるボールはキレ、コントロールともに抜群で、杉浦は1年目に27勝を挙げて新人王を獲得した。

だが、いいピッチャーは例外なく酷使された時代である。杉浦は2年目となる1959年に38勝4敗という驚異的な数字を記録し、ホークスは彼の活躍もあってリーグ優勝を果たした。そして、杉浦がすごいのはここからである。

その後の読売ジャイアンツとの日本シリーズで杉浦は「第1戦から先発として4連投、4連勝」を記録。彼のおかげでホークスは日本一となり、杉浦は当然のことながらMVPを獲得した。

しかしながら、さすがにここまで酷使されれば体が悲鳴を上げる。杉浦も権藤も酷使が祟り、球界で長く現役を続けることはできなかった。

ところが、ごく稀に酷使されてなお、長期間活躍する強靭なピッチャーも当時は存在した。その最右翼は2019年10月に逝去された金田正一さんである。

400勝投手として名高い金田さんだが、実働20年で通算298敗と負け数も破格である。メディアを相手にした時のその奔放な話しっぷりなどから、金田さんに対して豪放磊落なイメージを持たれている方も多いと思うが、実際の金田さんは確かに豪快な一面を持ちつつも、繊細な一面も併せ持った人だった。

金田さんは私生活では食事、体調管理などのコンディショニング面で細心の注意を払い、とてもストイックな生活をしていたという。肩を冷やさないために夏でも家でエアコンを使うことはなく、さらには体を冷やさないようにと鍋料理を主食とし、アルコールは夏でもホットウイスキーなどを飲んでいたそうだ。

こうした陰の徹底した自己管理があったからこそ、20年にもおよぶ400勝298敗という大記録は打ち立てられたのだ。

金田さんとはリーグが違ったため、オールスターでしか対戦したことはないが、2階から落ちてくるかのようなカーブには度肝を抜かれた。カーブという変化球はドローンと曲がりながら落ちる。しかし、金田さんのカーブは目の前で1回止まってからストンと落ちる。顔ぐらいの高さから一気に落ちてくるので厳密にいえばボールなのだが、キャッチャーのミットはほぼど真ん中に位置しているから、審判も思わずストライクと言ってしまう。後にも先にも、あんなカーブを見たのは金田さんだけである。

確かにピッチャーを酷使しすぎるのは考えものだが、今のプロ野球界はあまりにも過保護になりすぎてはいないか。選手の素質、体質、適性を見抜き、バランスよく適材適所でやりくりしていくのが監督の腕の見せ所だと思うのだが、みなさんはいかがお考えだろうか。

一流になるには人間学が欠かせない

どんなに戦力が充実していたとしても、勝ち続けることは難しい。これは業界を問わず、プロの世界で一度でも頂点を極めたことのある人間なら分かる勝負の真理である。

かつて、V9という偉業を達成した読売ジャイアンツの川上哲治監督も、チームの強さがあまりにも抜きん出ていたため「あれだけの選手が揃っていれば、誰が監督をしても勝てる」などと言われることもあった。

確かに、長嶋茂雄や王貞治といった日本球界を代表するバッター、さらには森昌彦、黒江透修、土井正三といった名手が揃っていたのだから、今考えても戦力の充実ぶりには目を見張るものがある。

しかしながら、どれだけ素晴らしい選手を集めているといっても、100試合を優に超える長いシーズンを戦い抜くには、チームをしっかりと統率する指揮官の存在は不可欠だ。いくら強靭な肉体を持っていたとしても、優秀な頭脳なき肉体がその本領を発揮することはないのである。

巨人がＶ９街道を突っ走っていた当時、私はジャイアンツの正捕手だった森に「川上さんはいつもどんなミーティングをしているんだ？」と聞いてみたことがあった。

森が言うには、川上さんはほぼ毎日ミーティングを行うが、その内容は野球の話よりも人間学、社会学の趣の方が強かったという。

つまり、川上さんは長嶋や王といった球界を代表するプレーヤーたちに「人としてどうあるべきか？」「自分たちの社会の中での役割とは？」といったものを説いていたのである。

私は森の話から、川上さんは各々の技術に関してはコーチに任せ、自分は俯瞰した視点からチームを観察し、統率していたことを知った。私は心の中で「やはり川上さんはすごい」と思わずにはいられなかった。

Ｖ９というプロ野球史に燦然と輝く大記録は、川上さんの卓越した人心掌握力があったからこそ成し遂げられたものだといえるだろう。

「プレーヤーである前に、ひとりの社会人として、ひとりの人間としてどう生きるべきか？」

自分自身に常にそう問いかけ続けていくことの重要性を、川上さんは私たちに教えてくれている。

人間教育に最適だったユマキャンプ

ジャイアンツの川上監督がＶ９時代にミーティングを重ねていたように、私も東京ヤクルトスワローズの監督として球界に復帰した時から、チームを強くする上でミーティングはもっとも重要なものと位置づけ、毎日のようにミーティングを行った。

「一年の計はキャンプにあり」

これは私がプロ野球で監督をしていた期間、ずっと抱いていた考え方である。そのシーズンをどのように戦っていくかを選手たちに伝え、チームの戦術を十分に理解させる。そのためにはキャンプ中に行うミーティングがとても重要なのだ。

私がヤクルトの監督に就任した1990年当時、チームは毎年アメリカ・アリゾナ州のユマでキャンプを張っていた。ユマは何もない田舎なので、夜に遊びに出歩くところもまったくない。この「何もない」環境こそが、選手たちを野球漬けにする上でとにかく有効だった。

夜はミーティングをして、食事して寝るだけ。ただ、ミーティングをするといっても、毎日毎日2時間も3時間も私の講義が続けば選手たちは飽きてしまう。だから私は夕食前の1時間をミーティングタイムと決め、その時間をいかに濃密なものにするか、選手たちにしっかり話を聞いてもらうにはどうしたらいいかを、毎日熟考してからミーティングに臨んだものである。

過去、プロ野球の監督の中には「ミーティングをしない」という人も結構いたが、私はそんな話を聞く度に「それでよくシーズンを戦っていけるな」と思った。監督の仕事は一に確認、二に確認、三四がなくて五に確認である。そういった確認作業を抜きにして、選手たちに任せっぱなしのチーム運営をするというのは、監督としての責任を放棄しているような気がして、私にはとてもではないが受け入れることはできなかった。

私がミーティングをしている最中、選手たちにはメモすることを義務づけた。野球はいかに奥が深いスポーツか。「考える」という武器を使えば、弱者であっても強者を倒すことができる。それを可能とするのが野球というスポーツであることを、私はキャンプで選手たちに説き続けたのだ。

シーズンに入ると、野球に関する話や戦術に加え、川上監督にならい人間教育、社会教育に重点を置いたミーティングを行った。選手たちは野球の話より、私が人間学、社会学の話をするほうが興味津々の様子で、メモを真剣に取っていたことをよく覚えている。

私がヤクルトで監督をしていた当時の選手たちで、監督やコーチ、さらには解説者として今でもプロ野球界に携わっている者は相当数いる。彼らの姿を現場で、あるいはメディアを通じて見る度、「私がやってきたことは無駄ではなかったのだな」としみじみ感じる。当時の選手たちが今でも球界で活躍しているのは、私のミーティングがあったからだなどと言う気は毛頭ない。でも、きっとその一助にはなっているのではないか。そのような気がするのだ。

生き残るために
サラリーマン化してしまったコーチたち

プロ野球の現場で選手の育成に携わる「コーチ」という役職は、監督と選手との間を取り持つパイプ役も務めるなど、チームにとって必要不可欠なポジションである。

そんなコーチにまつわる話で、近年、プロ野球の試合を見ていて気になることがひとつある。それは、一塁のベースコーチが、ヒットを打って出塁した選手に対して駆け寄って握手をしたり、激励の言葉をかけたりしている点だ。

それが起死回生の逆転打などであれば、コーチが選手を激励するのもよく分かる。しかし、最近は負け試合などであっても笑顔でランナーに話しかけているようなコーチもしばしば見受ける。このようにどんな時も変わらぬ手厚い対応をしていると、選手たちはたとえ負け試合でもヒットさえ打てればいいと勘違いし、チームの勝敗よりも個人の成績重視の選手が増えていかないかと心配である。

私の現役時代はといえば、私がホームランを打ったとしてもそれが負けている試合であれば、鶴岡監督はベンチに戻ってきた私を仏頂面のまま見もしなかった。

だが、そんな雰囲気が常だったので、逆にたまに監督やコーチからほめられた時のうれしさは格別だった。

以前、あるコーチに私の最近の懸念を話したところ「野村さんの言いたいことも分かるが、たとえば不調にあえいでいる選手がヒットを打ったりした場合は、たとえ負け試合であってもほめてあげることはある」と答えた。いかにも選手受けしそうな模範的な回答だが、厳しいプロの世界でそのような情は必要ないと私は思っている。もしほめてやるとしても、それは試合が終わった後のロッカールームで軽く声をかけ、ほめてやればいいだけの話である。

私が監督をしていた時代（とくに晩期）もそうだったが、プロ野球界の監督やコーチ陣がサラリーマン化しているような気がする。とくに監督と選手との間をポリシーなく、風見鶏のようにあっちにいい顔、こっちにいい顔をしているコーチが多くなった。

監督と選手の間を取り持つコーチは、一般の会社にたとえれば中間管理職といえるだろうが、プロ野球は成績が悪ければすぐに首を切られる厳しい世界である。だから中間管理職といっても、上司と部下への対応や考え方は大きく異なる。

しかしながら、昨今はコーチ陣のサラリーマン化が進み、処世術に長けた人ばかりがコーチに居座るような時代になってしまった。だから人事に対する嗅覚も異常に鋭く、「この監督は来季クビになる」と思えば平気で掌を返す。

この私も、監督を務めていた当時、かわいがっていたコーチに幾度か裏切られたことがある。私はそういった苦い経験を経て、人間の卑しさ、浅ましさを身をもって学んだ。いい時はニコニコといい顔をしてみんなが近寄ってくるが、ちょっと落ち目になればそっぽを向いて知らんぷり。人間はかくも俗物的な一面を持つ生き物なのだ。

と、ここまではコーチたちばかりを責めてきたが、コーチがそのような人種ばかりになってしまったのには「監督をコロコロ代える」というチームの運営方針も大きく影響している。

かつては、5年以上の長期に渡って監督がチームの指揮をとることは、決して珍しいことではなかった。フロントは選手をどのように育て、チームをどのようなカラーにしていくかという長期的な視点に立ってチーム運営、選手育成を行っていた。

ところが、今は「その年だけよければいい」「ダメなら即監督交代」の時代である。これでは強いチームを作れるわけなどなく、コーチ陣にも生活がかかっているわけだから、風見鶏的な生き方になってしまってもある意味しょうがないともいえる。

2019年の日本シリーズは、福岡ソフトバンクホークスの3連覇で幕を閉じた。工藤公康監督は就任5年目の2019年が契約最終年となっていたが、シーズン終了後に工藤監督と新たに2年契約を結んだことが発表された。

工藤監督がさらに2年監督を務めたとすると、計7年の長期政権となる。これは今の日本プロ野球界においてはかなり異例の人事である。

ホークスが日本シリーズ3連覇という偉業を成し遂げたのは、球団のトップである王貞治会長以下、フロントがしっかりとした長期的ビジョンを持ってチーム作りを行っているからだろう。その証拠に、今回の日本シリーズでは、甲斐拓也、千賀滉大、牧原大成といった育成ドラフト出身の選手が大活躍を果たした。

とはいえ、私の古巣でもあるホークスがこのように王者として君臨する時代が来るとは、私が現役だった頃は思いもしなかった。いやはや、時代は変わったものである。

おわりに　――生き残るために「なぜ生きているのか？」を考える

私はプロ野球４球団で監督を務めてきた。その中で選手たちにミーティングなどで必ず問いかけてきたことがある。

それは「人間は何のために生きているのか？」ということである。

みなさんは「自分は何のために生きているのか？」と自身に問いかけたことはあるだろうか？

賢明な方々は、きっと人生の折々でそういった問いかけを自分にしてきただろうが、残念ながらプロ野球選手の多くは、そういったことをあまり深く考えずに生きてきた者が多い。だから私は、それぞれ就任したチームの初期段階のミーティングで「君たちは何のために生きているのか？」と問いかけた。

私に唐突に問いかけられた選手たちは、一様に「そんなこと、今まで考えたこともない」というような表情をしていた。私はそんな選手たちに対し「一度くらいそういったことを考えても罰は当たらんぞ」と言い、じっくり考えさせた。「自分は何のために生きているのか」を考えていくと、野球選手である前に、ひとりの人間としてこの社会の中でどうあるべきか、ということも考えられるようになる。今まで野球しかしてこなかった選手たちに、私はそういったことにも考えを巡らせてほしかった。

では、私自身が「何のために生きているのですか?」と問いかけられたら「世のため、人のためです」と答えるだろう。

「世のため、人のため」なんて当たり前すぎて陳腐でつまらない答えだ。そんなふうに思った方もいらっしゃるかもしれない。でも私は心の底から本当にそう思っているから、そう答えるしかないのだ。

プロ野球選手として、そして現役引退後は解説者として、さらに監督として生きてきた中で、私はさまざまな業種のいろんな人たちと接する機会を得た。そして、いろんな人たちと関われば関わるほど「人はひとりでは生きられない」「私はいろんな人の助けがあったからここまで生きてくることができた」ということを体の芯の、深い部分で理解した。つまり、この私も自分のためだけではなく、誰かのために生きているわけだ。周囲の人たちに感謝しながら、世のため人のために生きる。それが私が生きている理由である。

「自分は何のために生きているのだろう?」

「自分は何のために仕事をしているのだろう?」

そういったことに思いを巡らすことのできる人は、まったく考えない人たちよりも広い視野で社会を捉えているはずだ。そしてその視野の広さは、人生の彩りをより豊かにしてくれるものとなる。

本書を閉じた後、みなさんもぜひ生きる意味を自分自身に問いかけてみてほしい。この社会で生き残っていくための第一歩は、そこから始まるのである。

2020年1月　　野村克也

生き残る技術

2020年2月7日　初版第一刷発行

著　　　者／野村克也

発　行　人／後藤明信
発　行　所／株式会社竹書房
〒102-0072 東京都千代田区飯田橋2-7-3
☎03-3264-1576（代表）
☎03-3234-6208（編集）
URL　http://www.takeshobo.co.jp

印　刷　所／共同印刷株式会社

装丁・本文デザイン／轡田昭彦＋坪井朋子
写　　　真／©KDNスポーツジャパン／アマナイメージズ
構　　　成／萩原晴一郎
編 集 協 力／髙木真明

編　集　人／鈴木　誠

Printed in Japan 2020

ISBN978-4-8019-2153-5